徽州非遗传承人口述史

马勇虎 主编

教育部人文社会科学研究青年基金项目

“非遗的文化记忆——徽文化生态保护区国家级非物质文化遗产项目

代表性传承人口述史”成果

（15YJCZH014）

徽州石雕（石笛）制作技艺传承人方如金口述史

方如金 口述　陈文苑 编著

黄山书社

图书在版编目（CIP）数据

徽州非遗传承人口述史．徽州石雕（石笛）制作技艺传承人方如金口述史 / 方如金口述；陈文苑编著．-- 合肥：黄山书社，2020.6

ISBN 978-7-5461-9021-1

Ⅰ．①徽… Ⅱ．①方… ②陈… Ⅲ．①非物质文化遗产 – 介绍 – 徽州地区②石雕 – 笛子 – 介绍 – 徽州地区Ⅳ．① G127.542 ② TS953.22

中国版本图书馆 CIP 数据核字（2020）第 109623 号

徽州石雕（石笛）制作技艺传承人方如金口述史　方如金口述　陈文苑编著
HUIZHOU SHIDIAO SHIDI ZHIZUO JIYI CHUANCHENGREN FANGRUJIN KOUSHUSHI

出 品 人　贾兴权
责任编辑　秦矿玲
责任印制　李　磊
装帧设计　私书坊_刘　俊
出版发行　时代出版传媒股份有限公司（http://www.press-mart.com）
　　　　　黄山书社（http://www.hspress.cn）
地址邮编　安徽省合肥市蜀山区翡翠路 1118 号出版传媒广场 7 层　230071
印　　刷　安徽新华印刷股份有限公司
版　　次　2021 年 1 月第 1 版
印　　次　2021 年 1 月第 1 次印刷
开　　本　787mm × 1092mm　1/16
字　　数　200 千字
印　　张　14
书　　号　ISBN 978-7-5461-9021-1
定　　价　58.00 元

服务热线　0551-63533706
销售热线　0551-63533761
官方直营书店（https://hsss.tmall.com）

总　序

近年来，“非遗热”在全国各地悄然兴起。其中，徽州非物质文化遗产（简称“非遗”）因其类型多样，丰富多彩，更是备受社会各界关注，每年新增的徽州非遗项目和代表性传承人名单屡见报端、互联网，“非遗活动日”亦是嘉宾云集，热闹非凡。然而，反观徽州非遗的学术研究则略显冷清，不仅研究进展较为缓慢，有分量的学术专著也鲜有问世。究其原因，主要是遗存的徽州非遗文献资料较少，缺乏进行深入研究的条件。文献资料的匮乏几乎成为制约徽州非物质文化遗产研究的瓶颈。

学术界先贤王国维说：“古来新学问起，大都由于新发现。”徽学研究成为一门显学，原因就在于数十万件明清徽州契约文书的发现，这些契约文书资料已成为支撑徽学繁盛的重要基础。由此，我们不由得追问，徽州非遗研究的新发现、新材料是什么？又怎样去发现、搜集这些新材料？在多年田野调查和理论研究的基础上，我们深切地体会到，徽州非遗传承人口述史很有可能就是非遗研究“新学问”所需要的“新发现”。基于这样的考虑，我们自 2015 年开始，就着手谋划徽州非遗传承人口述史的研究，希望以此为突破口，推动徽州非遗研究的深入。

我们之所以选择徽州非遗传承人口述史作为研究方向，原因有三。一是黄山市各级各类徽州非遗传承人数量众多。据 2019 年统计，在黄山市的各级传承人中，共有国家级非遗传承人 33 人，省级 154 人，市级 479 人，位列安徽省各地市第一位。这些非遗传承人长期从事非遗项目的传承和实践工作，熟练掌握非物质文化遗产项目最核心、最关键的“知识和核心技艺”。毫无疑问，非遗传承人所掌握的“知识和核心技艺”，正是我们研究徽州非物质文化遗产所需要的珍贵资料。二是我们工作、生活于黄山市，开展徽州非遗传承人口述史研究，具有交通便利、熟悉方言等得天独厚的条件。三是冯骥才等文化学者十多年的非遗传承人口述史实践已经证明，传承人口述史“对于非物质文化遗产的挖掘与存录有着不可替代的功能和意义”。采用传承人口述史这种方式最适合挖掘和记录传承人的记忆与经验，“并把这些无形的、不确定的内容转化为有形的、确切的和可靠的记录”。

现在摆在读者面前的这几本著作，正是我们研究团队多年耕耘的成果。这批成果的第一个特点是，选择的非遗传承人具有一定的代表性和典型性。他们有的是国家级非遗传承人，有的是省级非遗传承人，他们同时也是非遗企业的相关负责人，在他们所经营的行业中有较高的社会影响力。第二个特点是，收集了系统完整的非遗传承人口述史资料，具有学术积累的意义。几位作者用了大量时间进行了较为细致的访谈和田野调查，尽可能地收集了传承人的家庭生活、学徒学艺、技艺传承等文字和图片信息，并通过口述史的形式，较为全面地展现了非遗传承人的学艺史、经营史、生活史。这些系统完整的资料，是非遗传承人研究，乃至于非遗研究不可多得的第一手资料，势必能为后续的学术研究打下基础。第三个特点是，注重传承人口述史若干具体问题的研究。这样的研究既表现为作者对编写体例、篇章结构的精心研究，也表现为对时间、地点、人物等基础性问题的考证，还体现在作者对非遗传承人职业生涯的综合考察、传承人技艺流派的梳理，以及非遗传承人口述史意义和价值的研究等。

徽州非遗传承人口述史研究目前尚处于起步阶段。因此，我们衷心地期待有更多的学者加入我们的研究队伍，共同研究徽州非遗传承人口述史，进一步推动徽州非物质文化遗产研究的繁荣发展。

是为序。

马勇虎

2020 年 2 月 28 日于屯溪

目　录

第四章
徽州其他类型民间雕刻

第五章
我的爱好与代表作品

第六章
我的理想与徽州石雕的未来

第一章

徽州石雕（石笛）的历史与文化

徽州，简称徽，古称歙州、新安。古徽州所辖一府六县，具体为歙县、黟县、休宁、祁门、绩溪、婺源，府治在歙县。如今，歙县、黟县、休宁、祁门属于安徽省黄山市，绩溪县属安徽省宣城市，婺源县已划到江西省上饶市。

徽州文化即徽文化，与敦煌文化、藏文化并称三大地域文化。徽州文化包罗万象、内涵丰富，包括徽州朴学、新安理学、徽州方言、徽派版画、新安画派及徽州传统工艺等。

徽州传统工艺是徽州人民勤劳智慧的结晶，体现了工匠们的杰出才华，诸如歙砚、徽墨、徽州三雕、徽州竹编、徽州漆器等，现在都是远近闻名的非物质文化遗产项目。

一、我所了解的徽州石雕

石雕是指在石质材料上雕出山水、花卉、人物等图案的一门民间艺术，福建惠安、浙江温岭、河北曲阳以及安徽徽州等石雕在全国都有一定的名气。徽州石雕主要包括寺庙、祠堂、牌坊、塔、桥、石碑、摩崖等，其中牌坊可谓徽州石雕的典型之作。在徽州古民居的庭院、门额、栏杆、水池、花台、漏窗、照壁、天井四周、柱础、抱鼓石、石狮等处，石雕十分常见。徽州石雕端庄严谨，注重情节性构图，雕刻手法包括浮雕、圆雕及镂空雕等。

徽州石雕的材料主要是黟县青，另外还有歙县的状元石、休宁的红石等，一些偏远的村庄也会偶尔选取附近合适的石材作雕刻材料。我从事石雕已有几十年的光景，可以说与石头打了大半辈子的交道，对于这些石头的属性还是比较熟悉的。在实际雕刻过程中，这些材料有一定的区别。具体来说，黟县青与状元石属于青石，与休宁的红石不同。徽州一些大型石雕有些用的是红石，如齐云山上的石刻佛像。红石材质偏软，石头颗粒较粗，细腻程度比不上黟县青和状元石。对于雕刻而言，红石较为省力，同样雕刻一件石雕壁画，黟县青所花费的时间起码要比红石多出好几倍，但红石表层容易氧化，风化速度明显高于黟县青，齐云山的一些石刻佛像脱落的情况非常严重，有的已经面目全非。

状元石在徽州石雕中运用得也比较多，其硬度与黟县青相近，材质比红石精细，但比黟县青略微粗糙。状元石可以进行较为细致的雕刻，但过于精细还是不太适合，它的知名度比不上黟县青，大多情况下还是运用于体积较大的石雕建筑上。从细腻程度上看，黟县青最佳，状元石次之，红石再次之。黟县青可以用作高浮雕、圆雕、透雕、浅浮雕，歙县北岸吴氏宗祠石雕《西湖十景》《百鹿图》所采用的石料就是质量上等的黟县青。这两组石雕在祠堂的天井下，虽历经百余年日晒雨淋，画面却依旧完好如初。“西湖十景”中岸边柳树垂下的枝叶如头发丝般细腻，线条至今依然清晰明朗，岁月侵蚀的痕迹难以察觉。如果换作状元石，肯定雕刻不出这种洗练精致，用红石的话很快就会脱落破损，不可能这般完好地保存到现在。黟县青能够经得起岁月的考验，历经沧桑也不失“本色”。徽州大多数精美的石雕作品材料都是黟县青。

石雕《西湖十景》其一

黟县青除了具有抗风化性能强、材质细腻这些优点外，因其含有特殊的油脂成分，长期被人抚摸、擦拭后还会变得乌黑油亮，这一点与汉白玉截然不同。汉白玉被人触摸越多，颜色就越黯淡，而黟县青则恰恰相反，把玩和触摸的次数越多则越加黑亮，所产生的包浆也很美观。徽州地域宽广，在古代交通并不发达的情况下，石材运输极不便利，但当人们需要雕刻精美的物件时，会不计成本地购买黟县青。除了歙县北岸吴氏宗祠外，精美的黟县青石雕还有西递景区的胡文光牌楼、古歙县府衙门前的石阶、西递民居著名的“梅花漏窗”等。在我的作品中，黟县青也是主要材料，如工作坊里悬挂的石雕作品《毛泽东》、曾获华东博览会金奖的作品《反弹琵琶》等。“余香石笛”更不用说，如果不是黟县青，石笛不可能制作成功。

西递胡文光牌楼

古徽州诸多门楼、额枋石雕的原料都是黟县青。黟县青不仅材质极佳，用在徽派建筑上又能与白墙黑瓦形成鲜明的色彩对比。更重要的是，我认为青石与白墙结合在一起具有特殊的文化寓意：象征着人格品行的清清白白。徽州人自古就非常注重自己的道德品行，无论外出经商还是读书为官，他们都把品格修养看作安身立命的根本。历史上，徽州的官员多以勤政为民闻名，徽州的商人也多以品行端正著称。青色与白色相映成趣的淡雅意境提醒着徽州人为人处世应清清白白、淡泊名利。

总之，黟县青厚重、古朴，色彩较好，可塑性强，使用范围广，适合浅浮雕、立体雕刻、高浮雕等不同技法，还可以用作大型物件如牌楼、民居柱础、栏杆等。黟县青与徽州石雕的关系恰如龙尾砚石与歙砚，歙砚原料产自婺源龙尾山，龙尾山老坑的砚石纹理缜密，材质温润如玉，如柔软细腻的婴儿肌肤，这里的砚石是其他地域石料所不能替代的。徽州石雕离不开黟县青，歙砚也离不开龙尾砚石。

很多人常说现代开采的黟县青质量不好，其实并不是材料不好，而是他们没有开采到好的石料。现代人多用机器在山顶取材，并没有得到山洞中真正适合雕刻的黟县青石料。黟县青主要产自距西递“胡文光”牌楼千余米的山坞，其中尤以“天字号”“地字号”石窟出产的材料最佳，该山坞其他地方所产的石料，可塑性都不如这两个石窟。徽州石雕对于选材非常讲究，裸露在山体外的材料，由于长时间风吹日晒，内部结构会松散，不太适合精雕细刻。石窟内下层的石料，结构严密，纹理之间的距离较大，适合立体雕刻及高浮雕。山体越往下，石材质量越好，可塑性就越强。不同材质的黟县青，外表颜色也不尽相同，硬度越高的材料颜色越深，位置则越靠近山的顶层，反之亦然。我们在开采的时候，除了从颜色上判断外，还会采用听音的方式，即以錾子敲打石料，不同特点的黟县青

黟县青石料所在的山坞

受到敲击后所发出的声响会所有不同，声音越清脆就说明材料的硬度越高。

黟县青的开采地点位于西递镇，离西递景区约 2 千米距离。2000 年左右，本地政府为了发展旅游，黟县青被禁止开采，我的雕刻用材是多年前从朋友那里购得的。材料使用之前，要根据石材的大小、性质确定合适的题材和雕刻手法，这样做是为了珍惜石料。石头是大自然馈赠给人类的礼物，属于不可再生资源，我们手艺人应对大自然怀有一颗敬重之心，对待材料尽可能地做到物尽其用，不可以随意浪费。近几年，外地的石材如河南青、山东青等涌入徽州，徽州石雕艺人们尝试使用这些材料替代黟县青。客观而言，这些材料与黟县青不能同日而语，大多数情况下只适合用作柱础、石基等大型物件，不宜用于精细雕刻。就目前情况来看，已开采出的黟县青还可以使用一段时间，但二三十年后的情况就很难说了。与婺源龙尾山的砚石不同的是，黟县青只是被开采了一小部分，还有很丰富的储存量，不知道以后能不能开采。说到徽州石雕的地域特征，首先便是材料的独特性，如果石料不是黟县青，徽州石雕便很难称为真正的“徽州石雕”了。

在古代，受条件限制，黟县青的开采非常不易。开采之前，工人们要用錾子在洞壁上敲击以判断石料的硬度，如果石料达到要求，才会决定开采。黟县青开采格外耗时费力，同时还要掌握娴熟的技术，比如，我们要开采厚度约 50 厘米、长度约 30 厘米的柱础石料，石壁上需要凿出一个至少 60 厘米深的大槽，槽的两边宽度也至少达到 30 厘米。首先需要用大錾子开凿石壁，当槽开凿到一定深度后，原先的大錾子已无法使用，就要改用小錾子继续凿出五六厘米大小的 4 个小孔，每个孔相隔大约 10 厘米，再将原先准备好的钢制铁楔嵌入小孔（铁楔呈一头大一头小、一头厚一头薄状），然后轻轻地敲打铁楔，用力要均匀，如果不均匀，一个铁楔受力过轻，另一个受力过猛，石料就会快速迸开甚至崩裂，崩裂处过大则会影响石料的形状。有时敲打过程中感觉石壁开始绷紧，这时工作就要停止，让材料自然分裂。

体积较大材料的开采方法也是如此，只不过这样的工作是一两个人无法完成的。这类石料的开采不仅要由技艺娴熟的工匠负责，同时还要有经验丰富的老师傅作指导。冬天开凿石料反而会更方便一些，工匠们往往会在铁楔嵌入石壁的缝隙内灌注一些水。受气温影响，灌注下去的水很快会结冰，并伴有一定的膨胀力，石料因此会松动乃至自然脱落。此时，工匠们会在开槽的地面铺上厚厚的稻草，防止石料滑落下来后造成损坏，使用这种方法会节省工匠们很多气力和时间。在古代，大体积石材的开采工作往往都会在冬天进行。

古人对黟县青石材非常爱惜，尽量避免开采中造成石壁其他部位的破坏。

在古代，黟县青开采全部依靠手工，周期十分漫长，一根长度 5 米，厚度 50 厘米的黟县青石料，10 名工匠共同开采至少需要半个月时间，而像西递胡文光牌楼石料，20 名工匠共同开采的话，也至少需要 1 年时间。石材在开采下来之后，往往并不规则，还需要工匠们花费精力去修整，可想而知，古代徽州牌坊的建造成本是多么高昂！听老一辈手艺人说，一座牌坊从选料到最后建成，需要花费四五十位工匠 3 年以上的时间。

另外，古代黟县青运输也是件不容易的事，一些体积庞大的石材仅仅依靠人工搬运不太现实，工匠们往往会将刮掉表层的松木一段段地铺在道路上，做成现在火车铁轨的形状，再将表层洒上水，待结冰后，工匠们就会慢慢牵引着石料运到山下，当然这种方法只适合于冬季，即便如此，石材运往歙县、祁门等地也十分费力。

石窟深处的黟县青材质明显优于外层，但那里昏暗不明，古时没有现在的电气化照明设备，只能把菜油灯挂在洞壁上进行照明。昏暗的光线加之还有泥尘等不确定因素，石料开采过程非常危险。数十年前，西递村一位 90 余岁的老工匠曾对我说过，清末民国时期西递镇有个胡村，村里有99位从事石雕的手艺人，这些人石匠技术非常精湛，但在一次开采黟县青的过程中，山洞里发生了塌方，他们全部被埋葬在洞穴里。这位老工匠还告诉我，从那之后，黟县的石雕技艺就开始没落。

黟县青开采费时、费力，先辈们为徽州雕刻奉献出了汗水和青春，有的甚至赔上了性命，徽州工匠的这种敬业精神非常值得今天的手艺人学习。

二、关于“余香石笛”

在我年轻的时候，常听老一辈的手艺人说，黟县历史上曾涌现过不少能工巧匠，清代的余香[①]、唐来进、唐贵发、唐贡便是其中的杰出代表。余香，黟县著名的石匠艺人，雕刻技艺精湛，因制造出石制笛子，后人就把他的名字与石笛连在了一起，这便是“余香石笛”名称的由来。

当年在西递景区内开店时，我的雕刻技艺已经受到了周围人的认可。有一天，一位年长的老人和我聊天时说道：“余香是黟县历史上著名的石雕工匠，以擅长制作石笛闻名。清代，‘余香石笛’曾作为

笔者访谈方如金

① “余香，字开三，府均人。少颖悟，家贫，不能读书，业石工，自出匠心，制石箫、石笛，皆中律合调，作诸细巧物件，上镌书画，并有家法，人称绝技云。”（清）吴甸华修，程汝翼、俞正燮纂：《（嘉庆）黟县志》，（清）吕子珏修，詹锡龄纂：《（道光）黟县续志》，见《中国地方志集成·安徽府县志辑（56）》，江苏古籍出版社 1998 年版。

贡品敬献给朝廷。'余香石笛'体现了徽州石雕匠人最精湛的技艺水平，可惜该项技艺已经失传多年，现在也没有哪位工匠能够造出石笛了。"我听了之后深感惋惜，心里突然萌发了挑战该项技艺的念头。如果能恢复"余香石笛"制作技艺，对我而言有着非同一般的意义，雕刻是我的职业，音乐又是我平生最大的爱好，"余香石笛"恰恰将这两者融合在一起。

当我下定决心准备恢复石笛技艺后，便开始了资料的搜寻工作。首先查阅了大量的文献资料，最后在《黟县志》以及清末著名学者赵汝珍的《古玩指南》中发现了"余香石笛"的相关记载[①]，但书中记录过于简练，并未谈及具体的制作过程和相关技法。之后，我又不断走访黟县的民间老艺人，向他们详细打听石笛的情况。当得知黟县文化馆原馆长王祖锡家中有一根祖传的老石笛后，便立马登门拜访。据调查了解，王馆长家的这根石笛也是目前黟县范围内仅存的一根石笛。可惜的是，该石笛已断裂，只剩一节，且也只有一个音准，笛面没有雕刻任何花纹。这根遗留下来的石笛实物对我的启发非常有限。

因为没有详细的资料及完整的实物可供借鉴，制作石笛只能凭借自己的技艺及积累的音乐知识去一步步摸索。石笛制作要求手艺人不仅要具备精湛的雕刻技能，还要掌握丰富的音乐知识。如果没有熟练的石雕技艺，则无法把石笛雕刻成形；而没有专业的音乐知识，则无法辨别音准的细微差别，所做出的石笛不可能达到乐器的标准。在石笛制作过程中，从黟县青选料到笛子塑形，从石笛开孔到调音，每一步无不充满着巨大的挑战，这其中所遇到的困难无法用言语来表述。

---

① "余香，黟县人。少颖悟，业石工。善制石箫、石笛，皆中律。上镌书画，并有家法，人称绝技。"赵汝珍：《古玩指南》，中国书店出版社 1993 年版，第 491 页。

但即便困难再大，自始至终我都没有想过放弃。皇天不负苦心人，经过长达几个月的探索与努力，我终于在 1999 年成功制作出了一根石笛。石笛制作完工后，我还在笛身空白处雕刻了荷花与螃蟹图案（寓意“和谐”）以及回字纹，同时还刻上了两句诗——宝剑锋从磨砺出，梅花香自苦寒来。赵汝珍在《古玩指南》里曾说镌刻文字的石制乐器非常罕见[①]，我就尝试在石笛上进行雕刻，当然，没有娴熟的雕刻技艺是无法完成这一项工作的。

“余香石笛”制作成功之后，在西递开店那段时间，每天我都会用石笛吹奏乐曲。每当笛声响起，很多游客都会驻足观赏。宛转悠扬的乐律，袅袅的笛声也给西递景区增添了一道新的风景。此时的我完全陶醉在艺术世界里，我为石笛感到骄傲，也为徽州雕刻感到骄傲！记得有好几次一些外国人在欣赏笛声之后，还放了一些钱币在我店里，我想这应该是对我音乐水平的一种肯定吧！

2010 年，我把石笛带到了上海世博会，并在空余时间吹奏了几曲，很多观众都被我的笛声所吸引。在此期间，上海民乐乐器厂的一位专家对我的石笛进行了鉴定，并给予了充分的肯定，他说我的石笛在音质、音准上达到了竹笛的标准，而在乐声的传播距离上又超过了竹笛。

“余香石笛”虽属于乐器，但可归为徽州石雕的一种。目前，在整个徽州地区除了我之外还没有其他艺人能够制作出石笛。据我了解，即使在全国范围，制作石笛的人也寥寥无几。2018 年 2 月，中央电视台财经频道的《是真的吗？》栏目组曾专门报道过我的石

---

① “盖乐器之质料不同，有铜铁者，有丝竹者，有石玉者，有木者，有皮者。种类不同，耐久性即不同，竹、木、丝、皮转瞬即行消亡，无法保存。故今日绝无数百年以前之竹木乐器。如有之，定系伪充，无待考究也。且古玩中金石器物之所以视为贵重者，半由于其上载有文字，而乐器中之镌有文字者，以铜铁制者为最多。玉石虽有，为数甚少，极不易见。”赵汝珍：《古玩指南》，中国书店出版社 1993 年版，第 310 页。

《是真的吗？》栏目组拍摄石笛制作过程

笛制作。

制作石笛要有耐心，成功做出一根石笛前，一般要失败 3~4 次，时间至少需要 2~3 个月，有时甚至需要半年以上。由于制作过程异常复杂，市场销量不高，自成功恢复石笛技艺以来，我也只制作了 2 根。由于种种原因，近些年来，虽然我并没有把精力过多地投入石笛制作中，但也没有放弃这项手艺。我一直在提升自己的音乐水平，为此还学习了空气动力学等相关知识，希望以后能制作出更加精致的“余香石笛”。

第二章

我的雕刻技艺之路

我出生在徽州，长在徽州，是土生土长的徽州人，一生与徽州相伴。徽州具有一种与诗卷分不开的诗情和画意，对于徽州，我自始至终怀着深深的热爱之情。

徽州民居是中国古民居的代表，民居的小巷比苏州、无锡、常州等古镇的小巷更狭窄、更幽深，也似乎更神秘。雨天里，徜徉在村落小巷中，踏在青石板的路上，耳边萦绕着悠长的笛声，我总会情不自禁地想起戴望舒笔下的《雨巷》，此时仿佛看见了诗中丁香一样的结着愁怨的姑娘从烟雨蒙蒙中、从历史的薄雾后走出来，撑着油纸伞，独自彷徨在悠长又寂寥的巷道。

粉墙黛瓦掩映于青山绿水的徽州，让无数人魂牵梦绕，流连忘返，徽州不仅让我领略了优美的自然风光、人文景观，还给予了我艺术创作上的灵感。作为徽州人，我深感骄傲。

一、黟县桐练方氏及我的童年

（一）黟县桐练方氏

1958年2月16日，我出生于黟县桐练村。桐练村位于黟县东北部，紧邻现在的西递景区。新中国成立初，黟县曾经被分为十二都，我们桐练村所在的是“八都”，徽州著名的石雕艺人、制造石笛的工匠余香与我同在一个都。“都”，按现在的说法就是行政村。

桐练村地处黟县与休宁县交界处，距休宁县蓝田镇 5 公里，村庄不大，但出过不少人才，有科学家，还有大学教授。桐练村现有 70 多户人家，200 余人，绝大多数都是方姓。方姓是徽州典型的传统姓氏，与“程、汪、吴、黄、胡、王、李”合称为徽州的“八大姓”。徽州方氏以歙县方储为宗祖，后裔遍布徽州，散布四海，称为“四角方”，徽州方姓的历史名人有宋代农民起义领袖方腊、宋末元初文学家方回等。然而，我们桐练村的方姓与徽州其他地方的方姓并不属于一个支脉。

小时候，常听祖辈们说，我们桐练村的方姓百姓是方孝孺的后裔。方孝孺是明朝著名的文臣、学者、思想家和文学家，后因拒绝为发动

桐练村

“靖难之役”的燕王朱棣草拟即位诏书，而招致覆巢大祸，被株连十族，牵连其亲友、学生共873人全部遇害，入狱及充军流放者数千人。其实，很多人并不知道，方孝孺的次子方中宪被恩人余学夔搭救逃出了虎口，并没有遭受诛杀。方中宪与余学夔一起逃到了徽州黟县，开天辟地般建设起了自己的家园——桐练村。为了逃避追杀，方中宪隐姓埋名，先改名为余德宗，后来又改为余元宝，余学夔也改名为余文学，他们两位后被乡人们奉为本村的始迁祖。其实，对于方氏族人而言，一位是真始祖，我们常称为“真方”，一位是假始祖，又被称为“假方”。桐练的方氏传至第七代时，距离方孝孺事件已过去百余年，方氏先民们恢复了真实的姓氏，并开始修谱，立辈排行，“余元宝”成了“方元宝”，而余学夔后人的余姓则不变。时至今日，我们村里依旧流行“假方”一说，余姓虽是“假方”，但余姓先祖却是“真方”族人的救命恩人。关于这一段历史，我们桐练《方氏族谱》里有详细的记载。

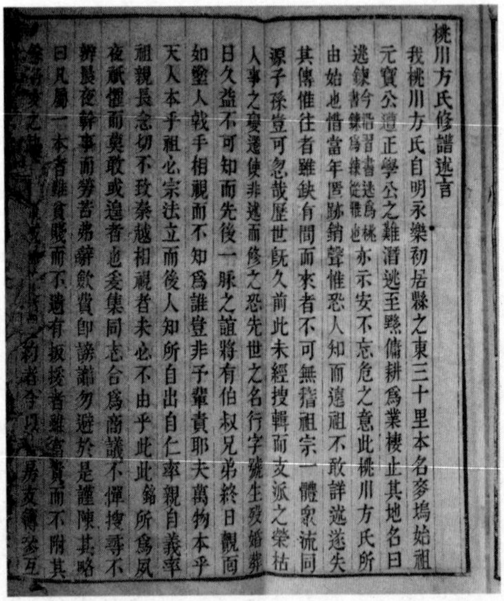
桃川方氏修譜述言
我桃川方氏自明永樂初居縣之東三十里本名麥塢始祖
元寶公遭正學公之難潛逃至黟傭耕為業棲止其地名曰
逃錄今沿習書逃為桃書錄為棣從雅也亦示安不忘危之意此桃川方氏所
由始也惜當年匿跡銷聲惟恐人知而遠祖不敢詳述遂失
其傳惟往者雖缺有間而來者不可無稽祖宗一體衆流同
源子孫豈可忽哉歷世既久前此未經搜輯而支派之榮枯
人事之變遷使非述而修之恐先世之名行字號生殁婚葬
日久益不可知而先後一脈之誼將有伯叔兄弟終日覿面
如塗人執手相視而不知為誰豈非予輩責耶夫萬物本乎
天人本乎祖必宗法立而後人知所自出自仁率親自義率
祖親長念切不致秦越相視者未必不由乎此此翁所為夙
夜祇懼而莫敢或遑者也爰集同志合為商議不憚搜尋不
辦晨夜幹事而勞苦弗辭飲費即讓諸勿避於是謹陳其略
曰凡屬一本者雖貧賤而不遺有扳援者雖富貴而不附其
[illegible]

《方氏族谱》

我曾经在《中国民间故事全书·安徽黄山·黟县卷》中看到过一则讲述我们桐练方氏的民间故事。

永乐初年，暮冬的一天，黟县虞山溪畔的山道上，三五人护着一个襁褓中的孩子，急急忙忙赶着路。铅灰色的浓云，就像压在人们的头上。寒风扑面，一个个都把头缩在衣领里。地上没有化尽的残雪，经过践踏，多成为污泥浊水，山风一刮又结成了冰。人们深一脚、浅一脚地窜着，踩在冰雪上面，“嘎吱、嘎吱”地响。

翻过了一座又一座山，跨过了一条又一条河。没有人知道，这襁褓中的孩子，竟是赫赫有名的大明王朝忠臣方孝孺的血脉。

方孝孺（1357—1402），字希直，号逊志，人称正学先生。宁海人，曾从宋濂学。明惠帝即位，召为翰林侍讲，迁侍讲学士，后改任文学博士，惠帝主政多咨询他的意见而后做出决议。建文四年（1402），燕王朱棣率军攻占南京，即将继承帝位，召见方孝孺草拟即位诏书。方孝孺穿着丧服，哭殿，拒不草拟诏书。成祖怒，杀方孝孺，并株连其十族，一共牵连诛杀873人，成为历史上最有名的覆巢大祸。史载，方孝孺就刑时气宇轩昂，谈吐自若，赋《绝命诗》：“奸臣得计兮，谋国用猷。忠臣发愤兮，血泪交流。以此殉君兮，抑又何求？”意思是说朱棣等文武“奸臣”用阴险的计谋来篡夺国家，自己是为维护“正统”而斗争的“忠臣”。“血泪交流”极度悲愤，决心以死“殉君”，绝不会为朱棣撰写即位诏书，以求加官进爵。他成为历史上著名的忠臣以及“硬骨头”形象的代表，鲁迅曾撰文大加赞誉。

当时方孝孺第二个儿子的小公子方元宝刚出世不久，寄存在奶妈家抚养。在许多同情者的帮助下，从上海松江辗转逃到徽州，最后在万山丛中的黟县八都隐姓埋名，结庐构屋，藏匿下来，以后繁衍成族。

铜练，举村方姓。用今人的眼光看来，铜练村确实适宜隐蔽。八都地处黄山南麓，是黟县、歙县和休宁三县交界的边缘，如今黟县至黄山的高等级公路从这穿过，但历史上，这儿地处皖南腹地，极其偏僻，峰峰相连，山高水深林密，不是专门拐进山坳，就是站在八都大路上，也看不出铜练村山坳里面隐居有人家。后人自称其寄居地为“逃来村”，根据方言，后改为“铜练村”。村子夹溪在山坳中筑屋建舍，至今有30多户人家。村口缩在坳里上百米，一座弯弓石桥，名聚星桥，意思是迎聚魁星，保佑子孙学业有成，皇榜提名，重振祖业。一人多高的块石砌成的溪塝，煞是显眼。村中祠堂、民居错落，马头墙高耸，很有些古色古香的味道。环境确实可以用“幽静”来概括……[①]

这则民间故事是作者根据我们《方氏族谱》中的相关记载加工后而成。编纂于清道光二十一年（1841）的《方氏族谱》则详细记载了桐练方氏的徽州迁徙史。

方氏原于古方雷氏，以居方山，故氏方。厥后方回为舜七友之一。至周，而有方叔佐宣王成中兴之功，三代以上寥寥无可稽矣。江浙之方皆派分于圣公，名储，祖纮，当西汉之末官于吴，度天下必大乱，避居歙之东乡……吾黟桃练方氏，自明永乐初由越之宁海至黟。始祖元宝公，潜身而至，有隐姓埋名之意，故历世不传。其详情正学先生之族也，其讳之至深而托业劳苦者，正合明哲保身之原故。戒子孙毋忘勤瘁、毋贪慕荣名。

清朝十九年岁次己亥季春月，由族人方嘉铭撰写的黟县桃川方氏修谱述言：“我桃川方氏，自明永乐初，居县之东三十里，本名麦坞。始

①安徽省民间文艺家协会:《中国民间故事全书·安徽黄山·黟县卷》，黄山书社2012年版，第43~44页。

祖元宝公，遭正学公之难，潜逃至黟，佣耕为业，栖止其地，名曰逃炼。今沿习书‘逃’为‘桃’，书‘炼’为‘练’，从雅也，亦示安不忘危之意，此桃川方氏所由始也。惜当年匿迹销声，惟恐人知，而远祖不敢详述，遂失其传。惟往者虽缺，有间而来者，不可无稽。祖宗一体，众流同源，子孙岂可忽哉？”（文中所说的“正学先生”便是方孝孺。方孝孺曾以“逊志”名其书斋，蜀献王替他改为“正学”，因此世称“正学先生”。歙人方回记载：“储，字圣公，祖纮，本河南人，汉大司马长史，以王莽乱，避地江左，遂为丹阳郡人，家歙县之东乡。”丹阳即现在的宣城，歙县此时属丹阳郡管辖。）

听先辈们说，村子原名为“麦坞”，之后更改过好几次，包括“逃来”“逃川”“桃练”“逃炼”“源川”“铜练”等，最后改为了“桐练”，村口河流小桥的铁链上至今还刻有“逃川”二字。在黟县方言中，这些读音都与“逃来”较为接近，“逃来”实际之义就是逃离过来，暗指我们族人从虎口逃出来的这段经历。

20 世纪，中国纺织大学（今东华大学）化学系教授方柏容先生[①]，曾根据我们桐练村的《方氏族谱》及《宁海县志·遗胤备考》撰写了《寻祖记》一文，梳理考证了海宁及桐练方氏的传衍历史，此稿现存于宁海县县志办。生于溧阳县徽商家庭的方柏容先生坚信自己是方孝孺的嫡系后裔，他也一直声称自己是黟县人。为了撰写《寻祖记》，方老先生不辞劳苦回到桐练。晚年，方先生迁居美国，虽然身处异国他乡，却把宁海和黟县当作故乡。对于方柏容先生回乡寻根之

①方柏容（1911—1995），安徽黟县人。1941 年获意大利皇家工程大学化学工程博士学位，同年留学美国。我国著名纺织教育家、化学纤维和环境治理专家。毕生从事纺织教育和化纤、环境治理研究，为培养纺织科技人才作出了很大贡献。方柏容是我国化纤专业学科的创始人之一，也是纺织系统环保专业的奠基人。

事，我们黟县籍的著名书画家叶荫藩[①]先生曾作诗记录。

方孝孺的事迹，在我孩提时常听前辈们讲起，我十分钦佩这位先祖的忠义和胆量，也深深感觉到自己身体里遗传了这位先祖的“傲骨”和“硬气”。

（二）我的童年

我的祖辈和父辈都是手艺人，命运似乎注定了我会像他们一样成为手艺人，称我们家为手艺世家一点都不夸张。我的祖父是木匠，父亲也是木匠，虽然我也学过木匠活，但我的身份主要还是石雕匠人，也可以叫石雕手艺人，这一点与他们稍有不同。

祖父的木工技术非常好，父亲小时候学走路时，祖父打制了一个木质的学步车，多年后这辆车又传给我使用，车子质量过硬。父亲当过很长时间的木工，因为上过学，后来去学校教书，并当上了校长。可惜父亲在校长职位上时间不长，一次爬树时，不幸失足从树上摔了下来，造成了下身瘫痪，从此卧床不起。父亲不仅因此失去了劳动能力，还需要母亲的照顾，我们的家庭也因为此事开始衰落，经济状况每况愈下。

说起我的童年，不免有些心酸，我刚出生时赶上了三年困难时期，家里经常为温饱问题而犯愁。我的童年基本上都是在牛背上度过的，骑在牛背上在坎坷不平的田间颠簸，这种童年经历永远印在我的脑海里，成为我至今难忘的回忆。

---

①叶荫藩，1917 年 7 月生，别名西园，字宜翰，号爱兰室主，安徽黟县人。曾师从清末名师举人卢其玉先生。中国潇湘书画院院士，中原书画院高级研究员，曾任世界艺术家联合会会员。作诗《访铜练》记录方柏容寻根之事：“峰峦当户掩重门，夏日访贤铜练村。闻道忠良欣有后，迢迢万里来寻根。”

因为家庭贫困，直到9岁时，我才进入桐练小学读书。黟县地处皖南山区，人口较少，位置偏僻，当时也没有发展旅游业，交通非常不便。受条件限制，学校的老师很不固定，基本都是代课教师。读小学时，我对汉语拼音似乎不太感兴趣，语文成绩不太理想，但我的智商并不差，数学就非常好。那时我们学校一、二、三、四年级的学生都安排在一个课堂学习，读二年级时，我去考四年级的数学试题往往都能得到高分。因为数学成绩突出，二年级后，我直接跳入了四年级。因此，我只花了四年时间便完成了小学学习。读五年级时，我开始学习珠算。因为父亲有点文化，读过高小（六年级），后来还当过会计，受父亲影响，我的算盘打得非常熟练，老师常常让我教其他同学打算盘。

桐练小学离我家较远，有6里多路，中午我只能留在学校打发时间。早晨上学时，家里经常用铁罐子盛点饭作为我的午餐，而早餐往往是没有的，即使有，分量也很少，根本满足不了我的需求。读小学期间，饥饿一直困扰着我，记得每次在去学校的路上肚子总会饿得咕咕响，为此，我只能"寅吃卯粮"，在路上把午饭提前享用。小孩子活动量大，又是长身体的时候，往往还没到学校，就开始感到饥饿。为了填饱肚子，我常常会在沿途的河里抓点鱼虾，再把鱼虾带到学校交给食堂的师傅们，希望他们能够给我多加点米饭。因为路上抓鱼虾，因此，迟到的情况在我身上屡有发生。由于家庭穷困，一年四季除了寒冬腊月能够穿上草鞋外，其余时间我基本上都是光着脚丫在学校和家里两头奔波。每天放学回家，打猪草、放牛或上山砍柴是我主要的任务，学习也因此受到了很大的影响。高尔基说："生活愈艰难，我愈感到自己更坚强，甚至更聪明。"艰苦的生活环境磨炼了我的意志和品质，我身上那种不屈不挠的精神和敢于向困难挑战的勇气就是在这样的环境中练就的。

童年的这些经历对我之后的雕刻产生了深远的影响，我雕刻的动物很多人都说细腻生动、表现自然，这很大程度上归功于我多年与它们的亲密接触。比如我刀下的牛形态传神，与实际非常吻合，这正是得益于每天与牛为伴的儿时经历，对我而言，牛就是我的小伙伴，它的一举一动、举手投足我现在依然了如指掌，他人绘画或雕刻出来的牛，哪些姿势不到位，哪些细节处理不当，我都能一眼看出来。除了牛外，我还经常与小松鼠打交道。读初中的时候，顽皮的我会偶尔抓只松鼠放在自己打制的篾制小兜里，再放点花生作为食物，把它带到学校，并不时与它玩耍。小松鼠有时趁我不注意会逃离小兜，钻入我的袖子里。我非常喜欢小动物，一直把它们当成自己的好朋友，曾经还把肥硕可爱、生动活泼的松鼠雕刻成木雕作品——《松鼠打葡萄》。松鼠与葡萄是民间雕刻、玉器、字画常见的题材，中国民间艺人对“松鼠打葡萄”题材格外偏爱。葡萄果实成串成簇，硕果累累，寓意着丰收和富贵长寿，葡萄又多籽，与“多子”同音；松鼠的生殖能力强，位于十二生肖之首，十二时辰中的“子”代表着鼠。“松鼠”与“葡萄”在一起象征着多子多福、子孙众多。总之，小时候的我聪明伶俐，学习成绩不错，但也比较顽皮。

小学毕业后，我进入了茶林中学读书。茶林中学离家更远，有近15里路，平时住校，周末则步行回家。上学期间，因为路程遥远，周一早晨必须4点多钟起床，夏天离家时天才微微泛起晨光，而冬天周围还漆黑一片。上初中时，家庭经济依旧拮据，上学还是光着脚丫，下雨天就顶个斗笠，上学的场景虽然已过去了几十年，但赤脚赶路的情景我依然记忆犹新。因为路途遥远，年纪又小，遇上雨雪季更加行走不便，因此难免经常迟到。与小学情况相似，去中学的路上往往饿着肚子，为此，每当夏秋季，我经常会爬到路边的树上摘点山楂、板栗果腹充饥，这样在路上又耽误了时间，等我赶到学校时，往往第一节课已快要结束了。长此以往，我就成了全校闻名的“迟到第一人”。

在我们读书的年代，初中毕业如想进高中继续学习则需要学校推荐，由于我时常迟到，自然没有获得被推荐的资格，读书生涯到此结束。1977 年，国家恢复高考，此时的我虽已离开学校多年，但怀揣着大学的梦想，还是积极报名参加了当年考试，可惜没有考上。第二年，我又继续参加高考，这一次虽然在东源乡应届生中考了第一名，但乡下的教育水平实在有限，我的分数相对还是不高，没有达到大学的录取分数线。由于家庭经济原因，最终我不得不放弃了学业。没有进入大学读书，是我人生的一大遗憾，如果有机会复读，能够再次参加高考的话，考取大学我想还是有可能的。

二、与石头结缘

（一）开采石料

初中毕业后，由于没有获得高中升学的机会，我只能回乡种地。1976 年，西递东源乡创办了八都农场，18 岁的我去了农场，跟随生产队改造河滩。大半年后，皖赣铁路黟县段开建，需要招募大量人员开采石料，我也报名参加，从此便与石头结下了不解之缘。

开采石料的地点位于西递村附近，对我而言，锤打石头并不是件难事，我在这方面的技术进步飞快。在实践中，我的左右手都可以舞动大锤，抡锤动作十分规范，并且带有一定观赏性，工作之时经常会吸引一些路人驻足观看。从那时起，我就几乎每天与黟县青打交道。30 多年的朝夕相处让我对黟县青的特性烂熟于胸，对它的软硬、粗细都了如指掌，如果对石材的性质做不到非常熟悉，我也不可能掌握好精湛的石雕技艺，更不可能成功制造出“余香石笛”。

在开采石料的过程中，我还熟练掌握了石头砌磅技术。砌磅又叫作磅或垒磅，即用石头砌成一定高度的石墙、石坝、石堤等，又可指用石头做成的工程，如修石板路、筑石阶、填屋基、砌梯田间的石堤石头等。打石头、砌磅，这些工作虽然辛苦，技术含量也相对较低，但为我今后的石雕技艺打下了良好的基础，我的打錾功夫便是在砌磅过程中练就的。石料的开采工作不仅提高了我对于石头属性的认识，还磨炼了自身的意志。

1984 年，浙江温州工匠们来到我们西递修复逐渐破损的“胡文光”牌楼，工程负责人听闻我砌磅技术娴熟，便邀请我帮忙开采黟县青。传统黟县青开采主要采用的是錾子敲凿法，即用錾子在山石上打凿出一排小孔，然后把石料逐步敲开。这种方法需要大量人员的配合，而当时黟县找不出许多技术熟练的开采工匠，该办法行不通。为此，我只好另辟蹊径，采取炸药爆破法。

在我没有进行黟县青开采之前，工程负责人曾动员工匠们尝试使用炸药爆破方法，很多都表示了拒绝，他们认为爆破工作十分危险，也有几位工匠曾尝试过，但他们对于爆破技术以及黟县青石材特点不够熟悉，开采出的石料破损度极高。

对于石头爆破，我有独特的办法。我会站在一个高架上，把炮钎穿入已凿开的石崖孔中，始端、中间、末端各放一点炸药，引爆后所产生的爆破力会非常均匀，开采的石料也较为完整。爆破石头用的炸药高约 20 厘米，长约 5 厘米。之前，很多人喜欢在石崖孔末端摆放过多的炸药，如果这样，爆炸时山石的局部受力过大，开凿出的石料便失去了完整性。炸药之间相隔一段距离是能够相互引爆的，这是我在装炮筒时偶然发现的规律，爆破中我就常常利用这种规律。那些温州来的雕刻艺人非常佩服我的聪明才智。生活中，我喜欢动脑筋，也善于思考。

（二）建造石桥

由于凿石头的技艺精湛，30 岁我就被大家推荐为生产队队长，那时村里很多房子的石基建造都是由我带头完成的。徽州七山二水一分田，这里山多地少，村落中的每户房屋都靠得很近[①]，因此在建房敲凿石头时，我们要尽量避免飞溅的石子破坏临近房屋的墙壁，这份工作其实有一定的技术含量。

村口小河上原先建有一座木桥，20 世纪 80 年代乡亲们主要通过这座木桥来往于小河两岸。春秋季节，徽州雨水偏多，每当暴雨来临，河水就会迅速上涨，木桥因此受损严重，给人们的通行带来许多不便，也存在着严重的安全隐患，人们在桥上行走跌入河中的事件时有发生。

1991 年的夏天，暴雨连续不止，继而引发了一场洪涝灾害，上涨的河水一直漫延到了村口，冲毁了诸多良田。河上的这座木桥在这次大水中基本损坏，无法继续投入使用。村里许多百姓家里的稻田都在河对岸，如何过河便成了当时摆在村民眼前的一道难题。大水过后，乡里紧急召开赈灾会议，我在会上就提出了及时修复桥梁的建议。

那时，乡里都知道我石匠活精湛，又由于我是生产队队长，有很强的号召力，所以乡政府决定让我带头修桥。现在看来，修建一座普

---

① （明）谢肇淛《五杂俎》：“余在新安，见人家多楼上架楼，未尝有无楼之屋也。计一室之居，可抵二三室，而犹无尺寸隙地。”上海书店出版社 2001 年版，第 78 页。

通的石桥并不是件难事，但在当时的条件下，则是一件较大的工程。20 世纪 90 年代初期，农村机械化程度低，修桥铺路基本靠人力，这里河床又比较深，这个工作面临着巨大的挑战。即便如此，不服输的性格让我毫不犹疑地接受了这份挑战。

我曾听闻老人们说，清末，一些工匠就想在此修建石桥，可惜领头人不久后生病离世，建桥之事便搁置下来。我们在打河床石基时的确发现了一些开凿的痕迹，应当是那时工匠们所留下来的。当我接下这份艰巨的任务时，听到了一些质疑的声音，有的人甚至嘲讽我自不量力。这些冷言冷语更激发了我的斗志，我当时就下定决心一定要把桥修好，用实际行动让这些质疑的人无话可说！

很快，我便组织了一支近 20 人的施工队，正当我们准备开工时，资金却成了难题。根据安排，乡里只能资助 10000 元的经费，这与预算存在着不小的差距。因为经费吃紧，有人提议仅在破损木桥的基础上用石材加固，但经过仔细思考后我觉得修桥是村里的大事，关系到群众的安危，不能够马虎行事。因此，我决定再争取一些资金，一方面继续请求上级部门的援助，一方面发动村里的群众捐款。经过东拼西凑，好不容易凑到了 18000 元，我们终于如愿开工。

这座石桥全靠人力修建，从打桥基到铺路面，我都和大伙一起动手。经过 3 个多月的加班加点，石桥终于完工，并顺利通过了上级部门的验收，我也因此受到了乡里领导的表扬。这座桥质地好，地基稳固，石料宽厚，现在仍然是通向对岸的重要通道。

打桥基时，我连续在河里泡了 2 个多月。桥修好后，我也大病了一场，在床上躺了好一段时间。但我觉得修桥造福了村民，自己即使患病，也是值得的。这座桥的成功修建也让我在方圆几十里声名大噪。

方如金领头建造的石桥

三、走向雕刻之路

（一）拿起刻刀

在帮助东阳工匠开采黟县青石料时，我经常会和他们交流，向他们学习雕刻技术。一次偶然的机会，我看到了他们所画的《文臣武将》及《八仙》图稿，当时觉得自己也可以画出来，而且不会比他们差，回到家后便开始自己动手绘画，并学着像他们一样拿着刻刀尝试着在石头上进行雕刻，就这样我开始拿起了刻刀。那段时间，我基本上白天在工地开采石料，晚上回到家中动手画稿并雕刻。

上学时，我学习过美术，掌握了基本的绘画技法，而此时打錾子的功夫也练得较为成熟，加之从小受到祖父、父亲木匠手艺的熏陶，可以说，我对雕刻并不陌生。经过一段时间的摸索，我很快适应了在石头上雕刻。

数月之后，我雕刻成形了几件小型的石雕作品，大半年之后的某一天，一位古董商到家里串门看到了这些作品，并以较高的价格买走。对此，我感到格外兴奋，不仅仅因为雕刻能够带来经济效益，更重要的是自己的手艺得到了内行人的认可。自此，我坚定了在民间雕刻这条路上走下去的信念，也相信自己能在这条路上有所成就。从那时起到现在，刻刀一直陪伴我左右，成为了我终生的“伙伴”。

凭借着石雕手艺，20 世纪 80 年代末我已在西递周边获得了一定名气，屯溪不少商人邀请我一同开办雕刻加工厂，他们承诺给我不菲

方如金（中）向笔者讲述从艺经历

的报酬，但我并没有动心。我认为，在雕刻加工厂日复一日地生产那些栏杆、柱础等产品并不是我的爱好和追求，我喜爱的是艺术创作，希望通过作品传达或表现出内心真实的情感，也希望在创作中不断磨炼和提升自己的技艺。

（二）工艺厂任职

1992 年，黟县成立了金星工艺厂，当时的工艺厂以生产、加工和销售歙砚为主，担任歙砚雕刻技术指导的是歙县籍艺人胡笛。胡笛是砚雕前辈胡震龙[①]的儿子，他继承了其父的雕刻风格，擅长浮雕，刀法细腻精奇。工艺厂成立之时，我已在黟县雕刻界小有名气，除了创作徽州石雕外，闲暇之余我还会雕刻一些精致的砚台。从雕刻技法上来说，石雕与砚雕有很多相似之处，砚石也是石头的一种。

1995 年 7 月，工艺厂聘请我为设计师，主要负责砚台的设计与开发。虽然，我在工艺厂的工作较为自由，可以根据自己喜好进行一定程度的创新，这一点不同于一般的工人和学徒，但工艺厂以批量生产工艺品为主，很少触及文化含量较高的艺术品，这与我的创作思想并不十分吻合，我喜爱雕刻那些艺术性与思想性高度统一的作品。基于这方面的原因，一年以后，我便从工艺厂辞职回家，又开始了自由创作。

在工艺厂期间，我全身心地投入雕刻工作中，雕刻技艺开始有了明显的进步，而之前，白天的农活占据了我大量的时间，专心致志地

---

①胡震龙，1925 年生，安徽歙县鲍坑村人。字石泉，号帘青轩。青年时代从军，投身抗日战争，任少尉、中尉文书。抗战胜利后，回乡任小学教师，后在文化部门工作，在歙砚厂退休。胡震龙精于歙砚创意、设计、雕刻，兼作壁画、木雕、石刻；爱好古诗词，擅长国画，深得新安画派精髓。胡震龙被誉为歙砚“传统文人派”的代表人物。

进行雕刻往往很难做到。在工艺厂这段时间，最让我难忘的是赴北京学习一事。1996 年 5 月，工艺厂委派我去北京进修学习，参加由中国文学艺术研究院举办的雕刻培训班。

培训班为期半个月，授课教师都是全国知名的书法、美术等方面的大家，对于一心想成为雕刻艺人的我来说，这次的学习机会非常难得。在培训过程中，著名书法家吕文厚先生曾大力称赞过我在艺术方面的潜质以及造型能力。吕先生还表达了想推荐我去中央美院深造学习的想法，据他介绍，中央美院的钱绍武先生和他曾是同学，两人关系甚好。听闻吕先生这么一说，我当时自然异常兴奋，毕竟，如果能够进入中央美院学习，对我这样的民间艺人来说是一件梦寐以求的事。然而，由于工艺厂的规定及经济方面的原因，美院学习一事最终搁浅，不得不说是一种遗憾。

北京学习归来后，有一段时间我的情绪非常消极，外面的艺术世界精彩纷呈，在此次学习过程中，我感受到了中国艺术的博大精深，而自己就像一只井底之蛙。在北京，当我实地看到像人民英雄纪念碑上精美绝伦的雕塑时，我深深感到自己水平的浅薄。原本较为自信的我开始对自己产生了怀疑，彷徨、迷茫之情时刻伴随着我，我也在不停地反思自己所走的道路。但是，雕刻毕竟是我的热爱，艺术终究是我的追求，我离不开刻刀！虽然思想上出现了波动，但我很快又把情绪调整到了原先的轨道，这就是不忘初心吧！

这次进修学习对我的人生起到了非常大的帮助。那段时间，我了解到中国雕刻艺术发展的新趋势和最新成果，学习了许多专业知识，比如构图原理、人体结构等。培训班的老师们教学格外认真，我从他们身上深切地感受到了艺术家对待艺术的严肃态度和倾注的热情，老师们告诫我们“艺术工作者不仅要有熟练的技能技巧，还要具备良好的艺术修养”等话语多少年来一直萦绕在我的耳边，不断激励着我前行。

总的来说，虽然我在工艺厂的任期比较短暂，仅一年多时间，但这段经历对我的影响却是深远的。

（三）西递开店

从黟县工艺厂辞职后，为了养家糊口，1996年下半年，我在西递景区租用了一家店面用以出售雕刻作品，同时也在店里拿刀雕刻。

西递开店时，我已在黟县雕刻界闯出了一片天地，很多古董商人因此找上门来请我修复他们收购的砖、木、石雕，其中尤以木雕最多。

这段时间，我修复了不计其数的三雕古件，修复工作让我获益良多。首先，加深了我对于传统徽雕的认识和理解。修复过程中，我总结出了徽州雕刻的一些特征。以木雕为例，我发现，徽派古建筑中不同部位的雕刻题材往往会有不同，例如，民居梁托、雀替上经常雕刻“和合二仙”“狮子”“鹿”等庞大吉祥的造型。“和合二仙”是民间传说中的招财童子，深受徽州百姓的喜爱。狮子具有威猛之势，既起到镇宅作用，又表示主人希望在生活中勇猛精进的决心。“鹿”与“禄”谐音，象征着吉祥长寿和仕途如意。这些人物或动物造型独特、体积宽大，放在梁托或雀替上有着很强的视觉冲击力。徽州民居的小姐窗，适合雕刻人物故事，题材主要有“西厢记”“三国故事”“姜太公钓鱼”“渔樵耕读”等，小姐窗图案雅致、意境幽美。窗栏板，形状为长方形，类似于画卷，往往是房屋内雕的精华所在，经常会雕刻一些历史典故、山川美景，如“五子登科”“五子夺魁”“五子夺莲”等。“五”在古代汉语中有多数之意，诸如“五福和合”“五福临门”“五福捧寿”“五子登科”等祝颂词语常被大家使用，“五”在这里指儿孙众多，“莲”是“连”的谐音，“五子夺莲”的寓意与“五子夺魁”

类似。明清两朝，科举制尤为兴盛。此时的徽州既是个十室九商的商贾之乡，又是个进士、举人辈出的科举兴盛之地。在古代徽州，科举入仕是人生的首选，“五子登科”这类题材反映了徽州人对子孙金榜题名的期盼。另外，千工床则喜欢雕龙刻凤，表达主人望子成龙或望女成凤的心愿。元宝墩、平盘斗上则多雕刻一些寓意吉祥的花鸟虫兽。格子门窗经常雕着博古、祥云等图案。

其次，积累了丰富的文化知识。修复工作使我的专业知识和文化水平得到了极大的提升。徽州传统雕刻题材丰富多彩，涉及历史典故、戏曲故事、民间传说等，修复工作恰恰为我学习传统文化提供了良好的契机。每次遇到不同的题材，我都会查阅资料，熟悉相关知识，久而久之，文化水平也就提高了许多。比如，中国历史上不同时期、不同官位人物的服饰、官帽、佩饰等都不尽相同，为了修复好这些，我查找了许多文献，并咨询过相关专家，终于了解了相关的知识。服饰修复看起来简单，其实并不容易，如果不是修复，我想我不太可能去深入关注这方面内容。

再次，得到了深刻的人生启迪。传统徽雕主题鲜明，立意深远，其蕴含的人生哲理耐人寻味，这些作品带给我深刻的人生启发。例如，“郭子仪祝寿”描述的是郭子仪夫妇70双寿诞时，七子八婿身着官袍，跪拜堂前，为双老庆寿的故事。郭子仪是中国唐朝著名的将领，为维护唐朝的统一和社会的安定作出了杰出的贡献，死后一直受到后人的尊重和爱戴，但是，历代达官贵人、文臣武将数不胜数，为何只有郭子仪这类人物受到后人的青睐？这则典故主要告诉我们品德的重要性。只有具备良好道德品质的人才能真正得到大家的尊重，在品德面前，官位、金钱都显得不重要，今天的我们无论从事何种职业，都要向郭子仪学习，以德为重。当看到“姜太公钓鱼”作品时，我感悟到一个人的成功不在于年纪的大小，关键是自己要有真才实学，坚持自己的梦想，终有一天会成功！

除此之外，在修复过程中，我对徽雕的构图、技法等也进行了深入研究。

因为修复，我还接触过不少外地的佳品，在与徽雕的相互比较中，我尽可能取长补短、互相借鉴。对于送来修复的古件，我会不断总结它们的特点与不足，汲取其精华，并融会贯通，同时结合其他地区雕刻的一些特征，最终形成了今天我自己的风格。

古件修复是锻炼技艺的过程，也是提高知识水平的过程。如果没有这段经历，我哪里有机会零距离地接触到这样多的传统徽雕！那些传统雕刻是古董商贩们跑遍了徽州的各个角落搜集而得，他们把数不胜数的古人作品收购过来让我修复和学习，真是让我受益一生。那时，与我打过交道的古董商贩估计不下于百人吧！每当看到他们送来的作品时，我无不深深感受到徽雕的博大精深。对于传统，我们今天的艺人们应该保持一颗敬畏之心。

当然，修复工作十分具有挑战性，那时候，我常常会对着破损的人物造型一筹莫展，会因为故事情节不明白而茶饭不思，也会为了如何下刀而犹豫不定，但正是一次次的挑战给了我不断前进的动力和自我提升的契机。

修复工作枯燥、单调且十分耗时，而带来的经济收入也不算丰厚（大多数利润归古董商贩所有），但我却乐此不疲，每次看到那些传统精品，往往都会沉浸其中，不能自拔。走上做手艺这条路以来，我并没有真正拜过师傅，而这些古件就是我最好的老师。在修复过程中，我能够近距离地与古代工匠展开对话，不断总结他们的经验，雕刻技艺因此也在悄然发生着蜕变。总之，我把修复工作看成一种难得的学习机会。现实中突然有很多雕刻精品摆在你面前让你免费学习，这不是一件让人高兴的事吗？当我看到传统手艺人潜心从艺，将徽雕艺术推向极致，他们刀下的线条雕刻得那么流畅，事物雕刻得那么细致，对我而言既是一种学习，也是一种鞭策。艺无止境，我们做雕刻的人应该活到老学到老，不能取得一点成就就盲目自大、骄傲自满。对我来说，就算真的有一天获得了中国工艺美术大师称号，依然要时常提醒自己：学习是没有终点的。

对于古件修复技术，我是有发言权的。“修旧如旧”是修复工作所要遵循的基本原则，作品残缺部分的修补要与整体风格及内容保持一致，不能凭主观想法随意更改。修复不仅要有高超的技艺，还要求有丰富的文化知识，一方面技术要达到古代艺人的水平，另一方面文化上要与传统作品相吻合，这就要求我们在提高技艺的同时，还要多积累文化知识。修复其实是一门高深的学问，想要做好非常不容易。

方如金修复后的窗栏板

在修复工作开始之前，第一步要对作品主题进行准确的判断，正如同开车时目的地的方向要正确一样，如果判断出现偏差，将会导致后续工作的失败。有些作品残缺的部分少，主题的判断较为容易；而有些作品破损严重，一时间推断出主题则很困难。在进行主题判断时，我们不能放过任何一个有效的细节，残留的细节能够给我们提供很多有用的信息。以我曾经修复的《关云长千里送皇嫂》这块木雕为例，修复前，画面中许多人物的头颅、手臂及马头都受到了破坏，有的甚至面目全非。面对这样的情形，我不断寻找细节，首先发现了残留的刀是青龙偃月刀，又发现图上方是两名女子身段……种种细节叠加在一起，最终推断出原图雕刻的是“送皇嫂”的场景。

在实践中，仅凭单个信息而对主题下定论往往过于草率，判定主题需要多重证明。以“和合二仙”题材为例，如果人物的头颅受到破坏，但脚踩荷花或手捧荷花的动作能清晰分辨，那么，仅凭这一细节是否就可以断定为“和合二仙”呢？此时还不能最终确定，因为脚踩荷花或手捧荷花的人物除了“和合二仙”之外，还有可能是何仙姑。对此，我们还需要再进一步寻找线索。如果是何仙姑，身边应该会有其他八仙人物，作品中的人物肯定较多，与两个人物的事实不符。再继续观察，如果我们又看到人物肥厚的脚掌，这显然不是何仙姑的特征。至此，我们基本可以判定是“和合二仙”。

再如《文王访贤》雕刻品，作品讲述的是周文王拜谒正在渭水旁垂钓的姜太公，并请他出山的历史故事。画面的人物残缺不堪，但人物身旁有鱼竿痕迹，并留有鱼篓等物件，这符合“文王访贤”的故事情节，但人物是否就是姜太公呢？答案还不一定，因为“渔樵耕读”中的“渔人”身旁也常会有鱼篓。顺便说一下，“鱼竿”这般细小事物在雕刻中经常采用高浮雕手法，非常容易破损。此时，我们还要继续寻找其他证据。如果是“渔樵耕读”，画面往往只有四位人物，除了渔人外，还会有砍柴、耕地以及读书的人；而如果是“文王访贤”，应该有类似帝王的人物出现，身后往往还会有一些侍从，这些侍从英气逼人，或持有旌旗，或身披铠甲，如果画面具备这些元素的话，基本可以推断为“文王访贤”。如上所述，主题的判断不能过于草率，需要反复求证，以确保准确无误。

主题判断是修复工作的第一步，也是非常重要的一步，它关系到修复能否顺利进行。如果说主题判断考验修复者的知识储备的话，那么具体操作时则需要修复者具备高超的技艺技法，修复后的作品风格要与原件保持统一，不露痕迹的修复才是高水平的修复。在修复过程中，细节处往往最能考验手艺人的知识储备及技艺水平，例如人物服饰、官帽的修复看起来容易，实则学问很深。在古代，帽子是官位级别、人物身份的象征，古代的官帽、服饰很有讲究，历朝历代的官帽形状均有所差异，文官与武官的官帽、各级别官员的官帽都会不同，修复时既不能弄错了朝代，又不能与人物的身份有出入。一件作品的修复，大到整个场景，小到细节都要尽可能恢复到原来的面貌。修复过程会碰到各种不同的难题，为了解决问题，我查阅了大量的资料，也不断向老一辈艺人请教，但一些棘手的问题也会让我绞尽脑汁，甚至时常一整夜不能合眼。

古件修复是一件非常具有挑战性的事，它能直接体现出一名手艺人的综合素质。有些手艺人在修复时，做到大体相似就罢手了，而我不是这样，我力求最大限度地复原原状。在早期，修复所得的报酬非常微薄，但我把它当作很好的学习机会。无论收入如何，每一次对待修复，我都会一丝不苟，认真完成。在修复工作中，手艺人需要不断提炼、不断总结，只有这样，水平才能有所提高。不得不说，被古董商们拆下来的古件都是精品，艺术水准都很高，它们是我们手艺人最好的学习教材和临摹对象。数十年与这些精美作品

方如金讲述修复知识

零距离接触和对话让我积累了丰富的知识，也让我的雕刻技艺突飞猛进；长时间地浸润于传统文化中使我对民间雕刻有了更深刻的认识。我比徽州其他手艺人更幸运的是，接触到了这些不计其数的三雕古件，毫不夸张地说，修复工作为我今后的雕刻生涯打下了坚实的基础。可惜的是，现在的学徒们很难再有机会像我那样近距离感受传统经典，长时间浸染于古人的杰作中了。

早期，我修复的多是木雕，后来砖雕和石雕逐渐增多，究其原因，古董商贩早年以收购木雕为主，等到木雕被收购得差不多时又开始转向了砖雕、石雕。2005年以后，古董商请我修复的次数逐渐减少。此时，政府大力开展文化遗产的保护工作，人们对于古民居的保护意识开始增强，建筑物构件被拆除的情况明显得到了改善。徽州三雕是镶嵌在徽派建筑上古老而又璀璨的明珠，是十分珍贵的文化遗产。试想，如果西递、宏村这些古民居、老房子上玲珑剔透的雕刻物件继续被拆除的话，房屋最后只剩下一具空壳，徽州古建筑便失去了内在的灵魂，其艺术性、观赏性会大打折扣。虽然古件修复对我们艺人提升技艺水平大有帮助，但我并不赞成拆除和贩卖古件的行为，我们应该珍惜先辈留给我们的历史遗存。古徽雕修复确实给我带来了技艺上的突飞猛进，可每当看到这些精美的雕刻被收走或破坏时，我的内心是非常难受的。这些徽雕是昔日徽商财富的缩影，也是徽州人生存哲学、审美趣味与巧夺天工的技艺的完美结合物，可叹的是，很多的惊世之作现在不知流向了何方。

古件修复与艺术创作虽然都是以刻刀雕琢造型，但在理念上有着明显的区别，古件修复要求尽可能地还原物件的原貌，而后者比较自由，可以随心所欲地创作，修复的手艺再好只能成为对接古代艺术符号的能手，而艺术创作上的努力可以让我们一步步迈向艺术的殿堂。

在开始全身心地投入艺术创作前，古徽雕修复是我主要的工作。对于我修复的作品，古董商们看了后都非常满意。20 多年前屯溪一个古玩老板收购了我修复的一幅小姐窗，之后我听闻很快便以好几万的价格卖给了一个日本商人，在 20 世纪 90 年代，几万元对普通老百姓来说已是一个不小的数字。修复工作持续了十来年，时至今日，一些古董商人或古件收藏爱好者还会不时地找我进行修复，但这已不是我主要的工作了。

西递开店期间，我还结识了不少国内知名的艺术家，如韩添任、孙恒俊、王方雄等，他们在艺术创作上给予了我很大的帮助。

在雕刻创作上，韩添任先生曾给予我悉心的指导。韩先生早年留学日本，在雕塑方面有着很高的造诣，现为青岛大学美术学院教授，我们认识时，他还在彭城职业大学任教。1999 年，韩先生带领

方如金修复的木雕腰板《文王访贤》

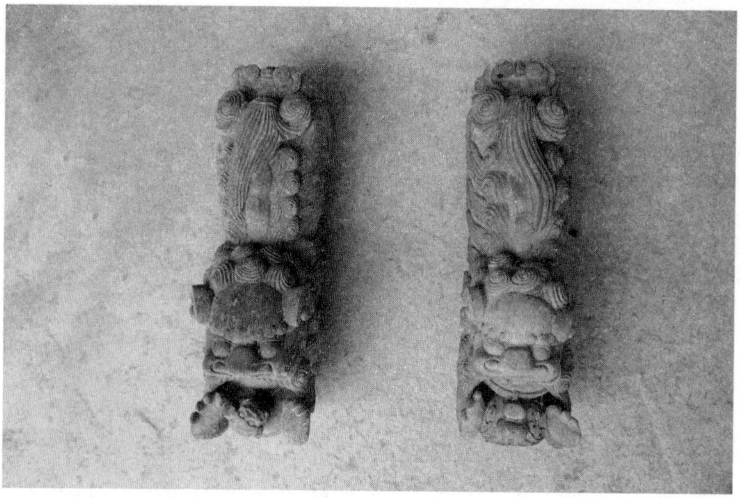

方如金修复的木狮

艺术系的学生来西递写生，我有缘结识了这位雕塑家。我与韩先生一见如故，相处了一周左右。对于我的浅浮雕作品，他表示了赞许，并在其学生面前大力推荐。韩先生曾告诉我："浅浮雕并不比立体雕刻简单，因为它需要在很浅显的层面体现出良好的立体效果，雕刻艺人必须具备过硬的造型能力。"他以钱币上的浅浮雕为例，向我说明其精妙之处。关于浅浮雕技法，韩先生说："起位低、空间压缩幅度大是浅浮雕的显著特点，这一点不同于深浮雕，更异于圆雕。与后两者相比，浅浮雕的平面感明显，非常接近于绘画艺术"，"浅浮雕应该吸取绘画技法，处理好作品的空间关系"，"浅浮雕并不是不重视透视原理，它的透视是一种类似绘画的透视"，"人物侧脸雕刻要遵循消逝透视法则，做好人物脸部的透视关键要处理好比例关系"。

在与韩先生的交流中，他把自己的所学、所悟向我倾囊相授，使我深受启发。韩先生对于浅浮雕的理解和认识源自对艺术普遍规律的概括，而并非完全照搬西方的艺术理念。其实，徽州传统的浅浮雕作品十分吻合他所阐述的这些规律。那段时间，我与韩先生相处得非常融洽。分别时，他还邀请我赴彭城职业大学雕塑专业教授雕刻技艺，可惜由于种种原因，最终未能成行。

中国美院孙恒俊、王方雄先生也给予了我很多帮助，特别是王方雄先生。那些年，王先生几乎年年都会带学生来西递写生，每次到来，他都会挤出时间进店与我交流，在专业上给予我指导。与这些艺术家的交往让我获益匪浅，雕刻技艺的进步离不开他们的帮助。

这一时期，我与应天齐先生的交往更加频繁。应先生是安徽芜湖人，国内著名的版画创作家，现任职于深圳大学，代表作品有《西递村》《徽州之梦》等。1995 年，应天齐来黟县采风，并到金星工艺厂开展交流，那时我认识了应先生。应先生离开黟县之后，没过多久我就带着石雕作品《嫦娥奔月》去芜湖特地向他请教。在西递开店期间，应先生时常来到景区取景、写生。对于我的雕刻作品，应先生表示出了肯定，同时也鼓励我在艺术道路上要不断学习，永攀高峰。在与我的交谈过程中，应先生多次强调“作品做到形似只是第一步，更重要的是要体现出创作者的思想和情感”。多年来，我与应先生一直保持着联系，如今，他每次来黟县都会抽空与我进行交流。

在西递开店这段时间，一些同行还邀请我去屯溪、休宁等地进行雕刻，如在屯溪与巴立东、欧阳越峰等人合作完成过一些石雕壁画等。巴立东、欧阳越峰是黄山市杰出的雕刻艺人，他们功底扎实，创新能力强。对于我的手艺，他们非常赏识，说我的作品流露着一股“拙味”，承继着传统徽雕的风格。我认为，造型艺术中“拙”不同于“笨”，并不是技艺呆笨，而是返璞归真后的简约，体现着一种充满力量感的“含忍之力”，明代的徽州三雕相比于清中后期就显得比较“拙”，但艺术价值却丝毫不逊色。

（四）外出打工

我的雕刻经历似乎比其他同行要丰富一些。西递开店结束后，我还在休宁的一家工艺厂任过职，不久又到北京打工。去北京打工的时间为 1999 年年底，工作还是雕刻。

去北京打工也是受现实生活所迫，西递开店时，西递景区还没有成为世界文化遗产，名气自然不可与今日相提并论，虽然平日里有一些游客，但人数不是很多，店里的生意一直不够理想，开店其实并没有给我带来多少收入。

在西递开店时，景区内有一位砚雕艺人，也是古董商贩，他对徽州工艺非常痴迷，手艺也挺不错，可身边的人总说他的手艺比不上我，这位艺人听了后心里很不服气。1999年的一天，他拿出家里收藏的《十八罗汉》图稿来到我的面前和我打赌说，如果我能按照原图样子做出一件石雕，他愿掏出15万元的价格收购。当时的我年轻气盛，为了争这口气，毅然决定接受挑战。然而，当自己完全沉浸在《十八罗汉》雕刻中的时候，时间已不知不觉地即将驶入2000年。眼看一年将尽，我盘算了一下当年的收入，内心不免着急起来，为了完成这幅《十八罗汉》作品，我几乎放弃了店里的生意，而此时这位砚雕艺人却因车祸不幸离世，15万元的收购承诺最终无处兑现。当一想到家里上有母亲需要赡养，下有两个孩子需要读书时，我开始变得寝食难安。就在我万分焦虑时，在北京电影摄制组打工的一些同乡告诉我剧组需要招收雕刻工人，工资待遇不错，每个月1800元左右。为了生活，我毫不犹豫地动身前往北京。

来到北京后，我把带来的石雕作品交给了剧组的刘兵老师，刘老师看过后很是肯定，并让我进入雕塑剧组，主要从事泡沫道具的雕塑。在黟县工艺厂任职时，我曾经来过北京，北京是中国的首都，藏龙卧虎、人才云集，作为一名乡下手艺人到此工作内心不免忐忑不安。对于泡

石雕《十八罗汉》

沫雕塑，我没有多少把握，好在刘老师不断给我鼓励和指导，我也很快适应了这个工作。

用于雕刻的泡沫与一般的泡沫略有不同，它的密度要在200至220千克每立方米之间。如果密度过低，线条易变形，雕刻出的作品搬运起来也容易破裂；密度过高则不利于下刀。泡沫雕刻的工艺流程主要包括设计、打坯、雕刻等几个环节。设计即用画笔在泡沫上勾勒出图案，打坯即用加热的电阻丝或电锯把材料切割成粗略的形状，雕刻就是用刻刀把泡沫雕刻成型。泡沫雕刻的工序与石雕、木雕等基本相似，但在具体操作上，还是有很多不同之处。

首先，打坯、刻细的工具不同。泡沫雕刻打坯的工具主要是电阻丝或电锯，刻细的刀具类似于锯条，要求锋利、轻薄，弹性好。其次，雕刻的手法也有差异。雕刻泡沫时，手法要快、准，刀法要干练，不能拖泥带水，最好一刀到位，如果用力过度则很难修补，用力过轻则又达不到效果，人物的细节部分是对雕刻技艺和耐心的极大挑战。我认为泡沫雕刻的难度一点不亚于石雕、木雕和砖雕，特别是小型物件，尤其不易。

刚进入剧组，我主要雕刻一些泡沫小件，后来剧组在拍摄电视剧《隋炀帝》时需要雕刻一些大型的泡沫道具，刘兵老师又找到我，希望由我来完成。虽然这是对我技艺的一种信任，但对于大型道具的雕刻，我并没有太大把握。刘老师的信任让我感到惴惴不安，剧组里手艺人众多，还有不少美术出身的行家，而自己只不过是一个不起眼的工匠，我哪里敢班门弄斧，做不好被人取笑倒是事小，主要担心影响剧组的拍戏进度，也担心自己的工作会受到影响。因此，我并没有直接答应刘老师，而是表示先雕刻一件缩小版的模型，如果效果不错，就把任务承担下来。当晚，我花了一整夜时间做出了一件长50厘米，宽30厘米的小型泡沫模型——“天禄”。第二天一早，当我把这件

泡沫雕刻《罗汉》

北京打工期间的泡沫雕刻作品

作品交到刘老师手上时，作品的效果完全符合他的要求，他当时以诧异的眼神打量着我，说道："知道你水平不错，没想到能做得如此精巧！"

当天，刘兵老师把我引荐给了剧组美术总负责人屠居华先生。屠先生毕业于北京电影学院电影美术系，是我国著名的美术设计师，曾凭借着电影《荆轲刺秦王》荣获第52届戛纳电影节技术与艺术贡献奖。屠先生的美术设计水平相当高，工作态度一丝不苟，非常严谨。屠先生一开始也不太相信一位乡下手艺人能做出生动的雕刻作品，当看过我的"天禄"后，他评价道："虽是泡沫雕塑，但达到了石雕的效果，具有石雕般的厚重感。"

在通过屠居华先生和刘兵老师的测试后，我开始转向了大型泡沫道具制作，雕刻出了犼、狮子、佛像等作品，其中一些作品之后还被放置于朝阳公园内，供游人欣赏。后来，我听同事们说，前往公园里的不少游人在这些作品前拍照留影，其中很多人都认为这些是石雕。数年之后，一位同乡还告诉我，摆在公园里的一些特大型号作品被北京一家公司以高价收购了。

工作之余，屠先生时常来到我的工作间与我交流，对我进行悉心指导。从这位美术大师那里，我学习到了很多雕刻知识，像"酸腐蚀法"就是他传授给我的。在泡沫雕塑中，"酸腐蚀法"非常重要，特别在雕塑"假山"等一些造型时，这种方法的使用会使得作品的效果更加逼真。

一段时间过后，剧组把我抽调到了无锡影视城，让我在那里从事场景雕塑。无锡影视基地的雕塑体积更加庞大，比如船首的神兽、巨龙、麒麟等。我严格按照剧组规定的时间完成了工作，得到了制片主任、美术编辑等的一致认可，他们因此还提高了我的报酬，从之前的每月1800元提高到了2200元，每月2200元在当时整个雕刻剧组中已是最高的待遇了。无锡工作快完成时，突闻家中母亲中风，我急忙与剧组请假返回了黟县老家。在家里时，剧组不停地电话催促我尽快回北京，北京拍片现场很多工作还在等待我完成。

在安顿好母亲之后，过年之前我再次踏上了北上的列车。由于挂念母亲的身体，这次在北京待的时间并不是很长，一个月后我又匆匆辞别剧组返回家乡，在回乡途中还发生了一件至今记忆犹新的小插曲。此次赴京，我携带了一件之前雕刻的石雕作品《反弹琵琶》请屠先生给予指导，然而不承想，那天在北京火车站安检时被工作人员误以为是古文物，为此差点耽误了火车。

在家过完年后不久，我又接到了屠先生的电话，电话里他再次邀请我去北京工作，还委托我从当地招募一些手艺人。就这样，第二年春天我和几位同乡又来到了北京，自己也变成了雕刻组里的小领班。来到北京后不久，我们又被抽调到无锡影视城工作，服务的电视剧是尤小刚导演的《凤在江湖》，美术设计依旧是屠居华先生。这部剧的大型泡沫雕塑较少，我的任务主要是雕刻一些小型道具及背景修复等，工作比之前轻松了许多。

在影视剧组里，虽然我只是一名民间手艺人，没有受过专业的培训，但我的手艺是拿得出手的，同行以及很多指导老师都肯定过我的水平，可以说，在雕刻剧组里我也是有一定影响力的。

屠先生很是爱惜我的才华，曾向我说过："小方师傅，如果你早几年来北京进入我们剧组的话，我相信你的才华会得到充分展示，我在北京电影学院的道具车间说不定都会让你负责管理。"《凤在江湖》电视剧即将拍摄结束时，屠先生又把我叫到身边，语重心长地说道："小方师傅，你的技艺的确过硬，但从长远角度考虑，我还是劝你回去发展，一来，你没有文凭，在北京这样的大城市发展不具备优势，想出人头地很难；二来，随着科技的进步和发展，剧组在场景雕塑中会逐步实现机械化生产，手艺人的作用会大大削弱。我建议你还是重操石雕，坚持走艺术发展之路。”

听完屠先生的劝导，我认真思考了许久，最终还是听取了他的意见，决定工作结束后返乡。对于屠先生，我一直心怀感谢，感谢他的帮助与提携。就这样，经历了两年的外出打工生活后，我返回了黟县，继续从事我的石雕工作。

回到黟县不久，为了安心雕刻，我在叶村租用了一处工作坊。由于该地点交通不便，2007 年 7 月，我把工作坊搬到了碧阳镇石山建材厂院内，在这里我一待就是 4 年。2011 年夏季，建材厂拆迁，我又搬到了现在的工作地点（渔亭镇），并把这几间房屋买了下来，现在这里既是我的住所，也是我工作的地点。

方如金现在的工作作坊及住房

四、授徒历程

师傅在学艺过程中发挥着非常重要的作用，如果能遇到一位技艺精湛、品德高尚的师傅则是学艺人的幸事。师傅是徒弟的引路人，对提高徒弟的技艺水平，拓展徒弟的视野，帮助徒弟增强对手艺的理解都起了很重要的作用。

早年，当我还是石匠，担任村里生产队队长时，那时就有不少年轻人跟随我学习开凿和加工石料技术。1995 年，我来到了黟县金星工艺厂任职，当时我已在当地的手工艺界闯出了名堂，手艺受到了厂里人的认可，许多同事时常会把他们的作品拿来让我指导，我也会尽可能地把自己的所学、所感和大家交流。

离开金星工艺厂后，我在西递景区开了一家店铺，希望通过旅游带动我的产品销售。20 世纪 90 年代，西递、宏村旅游业开始兴起，旺季时会有不少游客。每天，我都会在店里进行雕刻，络绎不绝的游人会进店驻足观看，很多人还会与我交流聊天，这其中就有不少来西递写生的美术院校师生们。西递开店虽然有利于产品销售，但很多时候我不得不忙于和顾客交谈，因此耽误了很多工作，也难以静下心来进行艺术创作。正当我苦于现状时，休宁一家工艺厂邀请我前去工作，我便关了门店来到这家工艺厂。

休宁这家工艺厂主要负责古建筑修复、栏杆石基雕刻等，工艺厂老板非常热爱徽州雕刻。在厂里，当时有七八位年轻人跟着我学习雕刻，我负责指导他们的工作。虽然没有正式拜师，但他们也算是我的弟子，现在这些人还会称呼我为师傅。

如果算上这些工艺厂的徒弟，还有在北京电影剧组里跟随我学习的一些同事，我想我的徒弟至少有二三十人吧。如今，休宁、黟县一带不少手艺人都对外说是我的弟子，其中有一些人的名字我已记不清了。

（一）我的弟子

如果按照传统的收徒标准，胡维民应该是我的第一位徒弟。胡维民出生于1990年，黄山市休宁县人，他也是我爱人姐姐的孩子。2008年，胡维民从休宁的一所初中毕业后辍学在家，家人想让他学门手艺，便把他送到我这里学习石雕。入门之前，他在家中举办过拜师宴，也行了拜师礼，算我的开门弟子。维民在我这里共学习了5年，在这5年里，我与他可算朝夕相处。

由于胡维民学艺前没有任何的雕刻基础，也没有相关的美术知识积累，我就从石雕基本技法入手，对如何捏錾，如何打錾，如何磨刀，如何刻线等对他进行逐步讲解。当他掌握了这些技法后，我便向他讲授雕刻的专业知识，如透视原理、人物比例等。在我的指导下，经过5年不间断学习，胡维民从一个雕刻的门外汉逐渐成长为一名雕刻手艺人，当他能够较好地独立完成一些作品后，我同意了他出师。我还清楚地记得他独立雕刻的第一件石雕是《荷花螃蟹》，出师前的最后一件作品是《盗仙草》。

出师后，他选择自己在休宁开店，继续从事雕刻手艺。胡维民学艺时吃苦耐劳、勤奋好学、兢兢业业，柱础、石基座等石雕活最后做得非常不错，而在人物雕刻上还需要继续努力。

程可是我的第二位正式徒弟，他投于我门下大概晚于胡维民3年。与胡维民不同的是，在来我这学艺前他已经是位雕刻艺人了，在黟县当地也算小有名气。程可出生于1985年，从小家庭贫困，3岁时母亲不幸离世，父亲辛辛苦苦把他兄弟俩拉扯成人。小学毕业后，程可辍学在家，不久跟随同乡人前往北京打工。在外漂泊几年后，程可回到家乡，开始学点手艺以便将来在社会上立足。学习雕刻是程可本人的想法，所以他学习的主动性较强。这一点与其他手艺人不同，很多人学习手艺多是出于父母或亲戚的劝导，自身对手艺并没有清醒的认识。

在我们第一次接触时，程可的工作刚从黟县“小石徽雕坊”换到“莲花斋”（石雕工作坊）。一天，“莲花斋”的老板请我去工作坊里指导员工雕刻，在那里，我认识了程可。在仔细观看了艺人的作品后，我逐一提出了自己的见解和意见。程可当时是工作坊里的技术骨干，手艺已经受到了一些同行的赞赏，面对我的批评，他显得不太服气。初次见面后没过几天，程可又主动来到了我的工作坊，想对我的手艺一探虚实。在看过我的作品后，按照程可的原话说，他完全被我的手艺所折服，当时心里就萌发了拜师的念头。从我的工作坊离开后不久，程可辞去了“莲花斋”的工作，停业在家休息。这段时间，他时常来到工作坊与我交流聊天，经过三个月的相处，突然有一天他表达了拜师的想法，当时我并没有立即答应，而是要求他先创作三件石雕作品（浅浮雕、高浮雕、圆雕各一件），以此观察他的雕刻水平与潜质。

当他把三件雕好的作品拿给我看时，我发现程可的模仿能力比较好，造型方面也有一定的天赋，雕刻并没有走入误区。虽然他个性有些张扬，但我的内心是喜爱他的。程可的诚恳与好学打动了我，自此之后我们之间的交往也非常融洽，但是否收他为徒还没有最终决定。

6 月 16 日端午节这一天，身在广州的我接到了程可的问候电话，电话里他再次提出了拜师一事。程可的诚意深深打动了我，返回黟县后，我打电话告诉程可可以来我这工作了，自此，我们之间正式确立了师徒关系。

程可擅长精细的雕琢，而对豪放粗犷题材的驾驭能力稍显不足。我告诉他，细腻并非石雕唯一的风貌，中国传统艺术包含着多种风格类别，如书法就包括楷书、行书、草书，而草书又可分为狂草、行草；绘画根据笔墨技法可分为工笔画、大写意画和小写意画。石雕与这些艺术门类一样，有不同的类别，既有精致的一类，又有粗犷的一类，两种风格各有魅力，一名出色的石雕艺人，对于这两种风格的技法都要熟练掌握。

没到我这学习之前，程可不太重视打坯，大型粗坯的敲打技术也不够成熟。对此，我重点对他的握錾手势进行了纠正，并告诉他用力技巧。一开始，程可握錾采用的是实握法，即五根手指牢牢地抓住錾子，这种方法表面上看攥握力量很大，但实际上手指过于僵硬，腕力也很不灵活。这种握錾法在打坯时极其费力，而最终的效果也很不理想。我的握錾方式是左手小拇指抵住石錾尾处，拇指、食指和中指握住石錾中部，而大拇指则按住石錾的顶部，这种握錾方法可以避免手指僵化，并且还能充分利用手腕之力。一开始，程可对我指导的握錾姿势非常不适应，锤子常常会误打到手上，为此没少受罪，但经过一段时间适应后，他的块面铲切功夫得到了明显的改进。业界很多人认为雕刻的重难点在于雕，打坯并不重要，其实不然，打坯是雕琢的基础，坯打得好坏会直接影响到接下来的雕刻。雕刻是一门粗与细、动与静相互结合的造型艺术，如果说雕刻阶段属于细活，需要手艺人静下心来行刀走线的话，那么打坯则属于粗活，手艺人则要调动出内在的情绪，达到兴奋的状态，在飞沙走石间飞扬出激情。打坯并不是一件容易的事，甚至难度高于细雕，很多手艺人并不知晓内在的奥秘。

除了胡维民、程可之外，吴静峰也是我的入室弟子。吴静峰，1984 年生，黟县西递镇人，与前两位不同的是，他主要做木雕。在没来我这前，静峰一直在浙江东阳学艺。我们都知道，东阳木雕全国闻名，东阳也被称为“中国木雕之都”。静峰在初中毕业后不久只身一人前往东阳学习木雕手艺，在那里一待就是好几年，精神可嘉。然而，让他懊恼的是，虽然他一直身在东阳，但很难有机会见到木雕大师，更谈不上向大师们学艺了，而他跟随的师傅木雕水平又比较一般，

方如金与程可

在东阳期间，静峰的手艺提高得不明显。2011 年，无奈之下，静峰带着遗憾离开了东阳，回到了家乡。虽然离开了东阳，但静峰并没有放弃拜师学艺的念头，回到黟县后，经熟人介绍，他投奔于我的门下。在没有拜师之前，静峰对我的手艺也有所耳闻，但没有深入了解过，来到工作坊看到我的作品后，他毫不犹豫地下定了决心跟随我学艺。

静峰主要向我学习木雕技艺。徽州砖、木、石三雕虽然在材质及一些刀法上有所不同，但雕刻的原理是相通的，三者在造型方面也没有本质的区别，我曾修补过成百上千幅徽州木雕，木雕的技艺并不比石雕逊色，这一点静峰也是非常认可的。

经过了三年时间的学习，静峰从我这里出师了，如今每当在雕刻中遇到问题时，他依然会前来与我探讨、交流，有些时候还会把作品拿来让我指导和点评。我很少在他的作品上直接动刀修改，而是通过悉心的讲解让他掌握解决问题的方法。现在，静峰在西递景区开店，生意还算不错，他的手艺也受到了本地业内人士的肯定。

我还有位弟子叫李永康，休宁齐云山镇人，年龄比我稍长，却尊称我为师傅。年轻时，老李是一名油漆画师傅，这份工作也让他练就了很强的仿形能力。20 世纪 80 年代末，齐云山镇雕刻业逐渐兴起，老李也开始拿起了刻刀，慢慢地转向了雕刻。虽然中年时才步入雕刻行业，但技艺进步飞快，现在已是齐云山镇出名的雕刻艺人。老李悟性很高，为人勤奋又喜好钻研，他对技艺的执着追求和孜孜不倦的实践精神值得尊重。

老李主要从事木雕和根雕，在休宁齐云山镇的街边开店。他不像胡维民等人那样长时间系统性地跟着我学习，而是每当有困惑时就会与我沟通、交流，我也常把自己的心得体会与他分享，对于人物的开脸技术我更是毫无保留地传授给了他。我与老李算是亦师亦友，每当我碰到一些烦恼之时，我也会找老李倾诉。老李家位于率水河边，捕鱼是他的爱好，他时常会把捕获的鱼虾拿到我这做下酒菜，我俩一起品鱼喝酒，聊人生、谈雕刻。

另外，徐剑、吴安全、杨剑等人都是我的弟子，他们均为黟县人，只是跟随我学习的时间没有程可等人长。

我的这些弟子现都已招徒授业，即便是年龄最小的胡维民也已招收了几位徒弟。我对收徒有着一定的要求，艺术的潜质固然重要，但道德品行也是重要的依据。徒弟的为人要诚实可信，品德不能差，曾经有过几位年轻人想拜我为师，来我这学习，但都被我婉言谢绝了，因为据我了解，这些人与我的收徒标准不相符。

现在跟我学习手艺的是我的儿子方斌，他既是我的徒弟，又是我的帮手。方斌，1990 年出生，是我的小儿子，大儿子方赟出生于1988 年，大学毕业后一直在上海的一家化工企业工作。方斌小的时候，曾学习过美术。我年轻时候的梦想是能够成为一名艺术家，可惜这一梦想并未成为现实，作为父亲，我就把这个梦想寄托在了孩子身上，希望方斌能够实现我未完成的心愿。所以当他在孩提时，我便有意识地引导他朝美术方面发展，为此，还特意送他去芜湖、杭州等地学习绘画，希望他能够在艺术方面有所收获，也许这种做法难免有点“自私”。略感遗憾的是，由于方斌高中时文化课成绩较弱，原本希望他报考专业美术学院的想法未能实现，大学时选择了服装设计专业，好在这个专业与美术联系得还算紧密。

大学毕业后，方斌一开始并未从事雕刻，而是到福建晋江一家服装公司上班。经过一段时间后，他发现自己所从事的工作与设计关系不大，心中便萌生了退意。此时，我正在寻找工作上的帮手，心想如果方斌能够学习雕刻，既能为我分担工作压力，又能继承我的雕刻技艺，当然是最好不过了。经过我的再三劝说，加上他对当时工作不够满意，经过一番思考后，他辞去了服装厂的工作，回到家里开始跟我学习手

方斌的绘画作品

艺。方斌的绘画基础不错，又受过高等教育，发展的潜力很大，以后的技艺水平肯定在我之上，我希望他能够在雕刻之路上一直走下去。

（二）授艺过程

在学业上，我对弟子们的要求比较严格，一旦进入工作状态，会要求他们集中精力、全神贯注。学徒不比学校学习有周六、周日等固定的假日，我对弟子们规定是，早上7点半左右开始工作，下午6点半结束，冬天由于天暗得早，下午5点左右可以收工，没有特殊情况他们都会遵守规定。对于每件作品，我都会要求他们尽最大的能力做到最好。这些弟子态度端正，谦虚认真，都很珍惜学习的机会。授徒中，我会将自己多年的雕刻经验倾囊相告，而当徒弟在生活上遇到困难的时候，我也一定会给予真诚的关怀。每逢传统节日，我们师徒都会欢聚一堂，把酒言欢。工作时，按照弟子们的话说，他们有点惧怕我，但师徒之间的关系一直非常融洽，他们对我的尊重是发自内心的。

在对弟子的教育方法上，我多采用的是言传身教方式，很少板起脸对他们说教，这也是我从古代徽州三雕有关作品中借鉴的教育方法。每天，我都会与徒弟一起搬石头、一起打錾子、一起动刀，我想用实际行动告诉他们如何成为一名真正的手艺人。这种潜移默化的教育方式效果非常好，弟子们见我几十年如一日地坚守，与他们一样劳动，他们自然不会懈怠，也会认认真真地学习。“飞刀走石”是我的生活状态，无论是烈日炎炎，还是数九寒冬，伴随我的都是刻刀与石头。生命不息，刀耕不辍，即使我现在年逾60，但雕刻的激情丝毫不减，我也想用自己的行动鼓励弟子：做手艺不能浮躁，要静下心来，不要怕辛苦，付出总会有回报！

方如金指导弟子吴静峰

我时常告诫徒弟们，仅仅在基本的技巧、方法以及造型设计和表达能力上下功夫是远远不够的，想要做好雕刻，还要丰富自己的人生阅历。雕刻的技法可以传授，而生活的阅历必须自己去积累。作为手艺人，如果我们的生活阅历不够丰富，很多作品只靠想象或临摹，雕刻出来的作品自然很难打动别人，比如人物的一个眼神、一个动作，你都要实际去体验，陆游曾说过“功夫在诗外”，这句话放在雕刻中就是“功夫在刀外”。艺术工作者不要畏惧磨难，“自古雄才多磨难”，这种磨难是一种尝尽了人间的酸甜苦辣、阅尽了人世沧桑的生命体验，生活的磨难就是人生的阅历。磨难能够历练人的品格，提升人的精神境界，是艺术创作的动力和源泉。古今中外杰出的文学家、艺术家无不历经种种磨难，从文学界的李白、杜甫到艺术界的齐白石、贝多芬、凡高等人莫不如此，正因为他们经历得太多，所以才能把内心真实的情感表达出来。只有把对生活的独特感悟融入作品中，作品才会极具感染力，才能达到富有神韵的境地。

我不敢说自己是“雄才”，但我的“磨难”却不少。从当石匠开始，石头与我相伴了几十年，早年，从工艺厂任职到西递开店，再到外出打工在影视剧组做场景雕刻，直到如今开设工作坊，我经历过各种各样的困难。在此期间，我去北京进修学习过雕刻，也接触过国内许多著名的雕塑家、大学教授，获得了不少理论知识。生活上，我自小家庭贫困，父亲早逝，自己也遭遇过车祸……可以说，我的人生经历非常丰富，生活的酸甜苦辣都深深地品尝过，这就是我雕刻的资本。正因为经历了许多磨难，我才能用刻刀较好地表达出对生活的感悟和理解，或对丑陋事物的批判，或对美好事物的歌颂，或对人生的解读，或对未来的憧憬……我也常常对徒弟们说：“雕刻需要岁月的沉淀，在‘人磨刀，刀磨人’的时光流逝中，只有经过生活的洗礼和淬炼后，刻刀下的物体才能‘苏醒’，作品才能传神。”总之，艺术创作者必须拥有丰富的经历和丰满的人生，唯有如此，才能真正掌握雕刻的技巧，领悟雕刻的真谛，风景和人物才能伴随着刀痕焕发出生命。

与人相处要以诚相待，无论是对待朋友，还是对待弟子。业内同行与我切磋技艺，或前来学习时，我会诚心交流，与弟子们相处我也一直保持着真心实意的态度。师傅是弟子的榜样，弟子信任你才来拜师学艺，有人说“教会徒弟，饿死师傅”，这句话并不正确，师傅不要担心徒弟学会了本领影响你的生计，艺术修行主要在于个人，他人真想学，别人是阻止不了的。现代社会中，人们可以通过许多途径获取信息，即使你三缄其口，别人在仔细观察你的作品后也能学到十之八九。教学相长，传授技艺的同时也可以促进自己不断进步，在授徒中保留本领只能说明自身技艺浅薄、思想狭隘和水平有限，只有水平低、心胸狭隘之人才会抱残守缺，最终也会让自己落入故步自封的境地。手艺人要有开阔的胸襟和广博的胸怀，技艺如果不能传承，传统文化如何在现代发扬光大？手艺人要有进取心，不能沉醉在过去的功绩上，不能满足于现状，应该不断挑战自己，突破自己，只有这样的人才符合非遗传承人、工艺大师的称号。现实中，如果越来越多的人向你学习，说明你技艺水平高超，而教授更多的徒弟能够扩大手艺本身的影响力，对技艺的传承发展会起到很好的推动作用。

如今，手工艺品市场并不景气，很多年轻艺人的从业信心受到了打击，甚至萌生了转行的念头。我经常与弟子们交流并不断给他们鼓励，虽然我并不算成功，但雕刻却是我的挚爱，我想用执着的精神激励那些热爱雕刻的同仁们，希望我们都能够坚持下去，更好地传承徽州的雕刻。手艺已然成为我生命不可或缺的部分，不是因为雕刻，我不可能与这么多的艺人结缘，不是因为雕刻，我也不可能在上海世博会上向四方来客展示徽州的民间工艺。对雕刻的爱，已渗入到我的血液中，如果离开了刻刀，我的人生就会失去很多乐趣。在徽雕传承上，我虽然是一个“点”，目前跟随我学艺的也只有我的儿子，但徒弟会带徒弟，儿子以后会收徒，这样下去，一个“点”最终能起形成一块“面”的作用。通过我们手艺人的集体努力，徽雕肯定能够很好地传承下去、传播开来，甚至发扬光大。黟县周围很多学雕刻的年轻小伙子都喜欢到我这来请教问题，我常常告诉他们：“今天你们在我这增长了知识，我就有了紧迫感，我得加倍努力。我希望只要我还能拿得起刻刀，你们就一直处于追赶我的状态，那我也算成功了。”如果有一天，当我们这些年长的手艺人不能雕刻时，年轻的手艺人还在努力学习，那时徽雕就真的发扬光大了。

让人担忧的是，随着数控技术的日益进步，手艺人的心开始变得浮躁起来，很多年轻人不再脚踏实地地认真学艺，从事雕刻还没两年就转向了数控制作，手艺逐渐退步，着实让人可惜。数控雕刻产品能够成批量、大规模生产，但缺乏审美趣味和艺术品位，毫无收藏价值。我也常对弟子们说：“那些从古建筑中拆下来的徽州传统三雕都是文物，人们竞相珍藏，而数控雕刻的产品被撤下来后几乎就是废品，谁会愿意购买和收藏？我们应该坚守住传统手工艺的底线，不可以让手艺失传。”

近年来，受市场影响，手艺人的经济收入较之前下滑了不少，愿意学习传统手艺的人已经不多了，三雕的传承的确遇到了一些问题。最近两年，我的经济收入也比较有限，如果来学艺的人过多，我既没有足够的活儿让徒弟实践，也没有能力支付他们的工资（现在的学徒都要师傅支付工钱），但作为非物质文化遗产代表性传承人，传承徽州雕刻技艺是我义不容辞的责任，对那些诚心学艺的人，我当然会乐意传授。如果条件允许，我希望招收一些文化素质较高，能够吃苦耐劳，内心真正喜爱徽州文化及中国传统工艺的学生，我会为徽州雕刻的传承贡献出自己的一份力量。

第三章

徽州石雕（石笛）的技法与工艺流程

雕刻指的是利用特定的工具将石料、木材、竹子等材料雕琢成预想形状的一门手工技艺。在我国，民间雕刻历史悠久，有着深厚的文化底蕴。作为一项古老的民间传统艺术，徽州石雕有着一些属于自己的特征。

一、徽州石雕技艺的特点与技法

徽州传统石雕按照表现形式可分为圆雕、浮雕及透雕。圆雕是指非压缩的，可供观赏者多方位、多角度欣赏的三维立体式雕刻。浮雕是在平面上雕刻出凹凸起伏形象的一种雕刻，这种雕刻必须附着于一个平面。浮雕是雕塑与绘画结合的产物，往往只可以观看一面或两面。透雕是指剔除底面的一种雕刻，又称为镂空雕，常用于门窗、栏杆或家具上，有的透雕采用双面雕刻，可供正反两面观赏。

如果说圆雕是立体形状的几何体，那么浮雕就是把这种几何体在平面上进行压缩，即类似用“气球压缩”的办法来处理对象，把物象依附于平面之上，深度压缩为浅浮雕，反之则为深浮雕。也有人说，压缩后的形体隆起高度为圆雕 1/2 以上就是高浮雕，不到 1/2 的则称为浅浮雕。我在做浅浮雕和高浮雕时充分借鉴了现代雕塑的“气球压缩”原理，但与美院雕塑派的压缩又存在一定的区别，我是在传统基础上的压缩，压缩程度比他们浅。浮雕根据雕刻物体隆起部分的厚薄又可分为高浮雕和浅浮雕。高浮雕企位较高，形体压缩程度偏小，隆起部分较厚，膨胀感强，其空间构造和塑造特征有时非常接近圆雕，也有人称之为深浮雕，适合于远处观看；浅浮雕企位较低，形体压缩较大，平面感较强，接近于绘画形式，主要不是依靠实体性空间来营造立体效果，而是更多地使用绘画的描绘手法或透视、错觉等处理方式以造成较为抽象的压缩空间。但是，浅浮雕与绘画还是有很大不同，绘画是平面艺术，主要靠远近透视及明暗处理、浓淡变化等来表现空间层次感，而浅浮雕毕竟有形体性，是立体性艺术。

（一）企位、块面与透视

雕刻不仅要把对象刻画得栩栩如生，还要充分表现出一种立体效果。浮雕表现立体效果的方式主要有三种：企位、块面以及透视。

先说说企位。浮雕的每个块面由于受形体透视的影响而形成了不同程度的企位，浮雕形体即便只有一毫米厚度也都存在着层面的转换，即企位，企位也常常被专业人士称为坡度，实际指的就是物象块面与所依附底面形成的空间距离差，而这正是显现浮雕立体感的关键因素之一。

再说说块面。无论是浮雕还是圆雕，都不是绘画那样的平面艺术，雕刻造型上讲究块面关系，有前后（凹凸）体积，这也是表现立体效果的主要方式。例如，一座房屋，用圆雕的方法雕刻后，它的基本形状为直角长方体，而以浮雕来塑造，其基本形状就会变成不同程度的扁方体或扁的菱形体。立体形状的几何体是由不同块面组成，而压缩后的形体虽不再是三维物体，但块面依然存在。人物雕刻中，无论是身体还是脸庞，都要注意表达出块面感。拿人物脸庞来说，无论从哪个角度观看，脸庞都是不同的块面构成的，如果从固定的一个侧面观看的话，人物脸庞上会出现明显的阴暗变化，这就是由层面转折所造成的。所以说，脸庞的刻画一定要有层面感，当然层面之间的过渡、转折要自然协调，不要出现突兀的违和感。

浅浮雕由于企位低，形体几乎压缩到平面，这时就要处理好线条与层面的关系，以线条突出坡度，从这方面来看，浅浮雕雕刻非常不易。高浮雕与浅浮雕各有讲究，对于高浮雕，很多艺人认为把物象刻深一些就能达到效果，这种看法是片面的，高浮雕中如果不重视企位，物象立体感的效果依然会不足。浮雕形体随着企位的高低不同，其块面距离、坡度大小也应有所差异，而这并没有固定的数据可循，只能依靠手艺人所积累的经验和对造型的理解。在浮雕中，不仅形体与平面之间要有块面感，形体内部也不能忽视面与面的关系。例如，我的石雕《毛泽东》，人物的五官、脸颊层面都特别注重企位的刻画，以此表达出块面感。

另外，浮雕要体现出较好的立体空间效果，透视也是关键要素之一。在浮雕中，特别是浅浮雕被压缩后形体给观赏者带来的视觉上的厚度不足感很大程度上依靠透视来弥补，透视也是区别圆雕与浮雕重要的手段。圆雕呈三维立体状，人们能够从不同角度观察，基本不需要透视。在浮雕中，立体状的一个块面被压缩，人们观赏时，须在一定的视觉角度上进行，但也只能看到物象的某一部分，另外半部分被隆起的面积遮挡起来，光线从固定位置上照射到浮雕形体上，形体的侧面就会产生阴影，变得模糊不清。因此，浮雕必须客观地表达出这种明暗、虚实效果，而透视就是表达这种效果的一种手法。透视原初是绘画中的术语，即把客观物象在平面上形象地表现出来，使其具有立体感和远近空间感。透视法遵循近大远小的原则，所以也称为远近法。透视一般可分为焦点透视与散点透视，焦点透视在西方艺术中运用得较多，中国艺术多采用散点透视法。焦点透视要求艺术家在固定的角度和距离来观察并描绘出眼睛所见的物体，观赏者的视野和角度比较固定，该透视又可称为定点透视，而散点透视又叫多点透视，艺术创作者观察点并不固定于一处，也不会受到固定视域的限制，而是根据需要，不断移动立足点进行观察，但凡视线所看到的东西，均可融入画面之中，画面往往能给人以纵横开阖、咫尺千里的磅礴感。焦点透视法和散点透视法虽然差异明显，但我认为本质是相通的，都遵照近大远小的视觉原理。中国传统绘画往往在大场景的把握上运用散点透视，局部上也常会采用焦点透视，比如著名的画作《清明上河图》，从固定观察点来看，作者也采用了焦点透视。可以说，中国传统绘画是集散点透视法与焦点透视法于一体，同时又表现着中国人自始至终的"天人合一"的宇宙观，从这一点上说，我认为中国传统的绘画更加高妙。我听闻，著名画家张大千赴欧洲拜访毕加索时，毕加索对张大千的国画艺术表达了极高的尊重。

浮雕与绘画都是通过近大远小的透视原理来塑造形体的完整厚度和空间距离，从而在视觉和影像上达到立体的空间效果。需要注意的是，形体的体面越宽，压缩性越强，浅浮雕特征会越明显，透视性就越强，而相反，如果体面越窄，压缩性越小，透视性就相对较弱。

浮雕首先要处理好层面转折的关系，注意面与面的更迭转换，不论是造型内部层面，还是造型与背景层面的过渡都要顺畅自然。比如人物侧面的眼睛在眉弓处存在一个高点，这也是眼睛的层面转折点，这一处的刻画既要显现出面与面的转折，同时不能让画面显得突兀。同样，人物、景物造型在与背景结合层面处的处理亦是如此，转化面应留有空间以显得自然天趣。此外，浅浮雕的透视比例表达要自然恰当。透视原理为近大远小、近实远虚，它会利用许多消逝在一个或数个点上的线条，完成空间的建构。雕刻过程如果没有把握好透视关系，近大远小比例不当，那么作品的效果就会失真，显得不自然。换句话说，我们在处理透视消逝点时要注意分寸，过与不及都会使物体变形，消逝点选择太远会显呆板，消逝点太近则会使画面产生扭曲。

其次，还要处理好透视效果。浮雕的透视不仅体现在整体画面布局上，也体现在局部的细节上。以人物头部雕刻为例，很多人在雕刻中会采用大小、虚实去表现，但依然会存在系列问题，如对比例把握得不够恰当、两眼大小差距过大等，这就需要我们平时多留心观察，细致揣摩。在透视关系的处理中，我格外注意高光点的把握，以高光点形成层面，以此增加透视效果，像丝状光洁的头发、具有蜡质感的鼻头、皱皮质薄嘴唇等部位都因质感光亮而易产生高光。敏锐地感觉和表现这些部位的质感特点，会使画面的表现效果更加具体生动。在实际雕刻这些部位时，我会仔细揣摩、反复观看并不断调整大小和高低比例，为的就是达到最佳的视觉效果。如果我们在雕刻人物时，对虚实、大小的处理过分夸张，最终会适得其反，导致作品立体感失真，应该根据雕刻的实际情况来确定透视比例，而如何处理比例大小只能依靠不断的经验积累和大量的实践总结。

总而言之，浮雕的厚度限制了它的塑造和展示空间，尤其接近平面造型的浅浮雕，要想使形体感凸显，就要依靠线来加强轮廓形象，而企位、块面和透视则是实现立体效果的三大法宝。

（二）人物雕刻规律总结

相比于景物，我更喜欢雕琢人物，多年的探索与实践让我在人物雕刻方面积累了一些心得。人的身高常以头高为单位，民间有“站七、坐五、盘三半”之说法，说的是人物站立时身高约为七个头或七个半头的长度，坐时的身长约五个头高，而盘坐时则约为三个半头高，但在雕刻实际中，我们不能死守这个标准，传统徽州三雕很多人物站立时的身长只是六个头甚至五个半头高。

不同类型的人物，特征有所不同，雕刻时一定要突出人物的主要特征。古代书生给人的印象是“玉树临风、风流倜傥”，因此书生的身材要修长，身体长度多是七个半头高，甚至更多；武将魁梧高大，具有威猛的气势，体型较宽厚，膀大腰圆，时常不雕刻脖颈，站立时的身体长度不足七个头高；仕女指的是古代那些聪颖美丽的女子，修长、纤细是她们的身材特征，仕女肩部要刻画得紧窄，传统绘画常说“英雄无颈、美人无肩”；罗汉是释迦牟尼的得道弟子，在我国佛教寺院中常有“十八罗汉”和“五百罗汉”。罗汉素来给人以刚正不阿之感，他们的前额骨需要雕得丰满硬朗，肌肉感要强，身体凹凸感应明显。儿童要充分表现出他们天真、可爱的天性，脸蛋要圆，体型以稍胖较好，五官并不完全符合绘画所认为的“三庭五眼”比例。儿童的头颅还未发育成熟，雕刻眼睫毛时应从整个脸部的中间位置开始。由于儿童尚处于发育时期，身体骨骼感不宜清晰，呈隐约态为好；老年人因关节渐渐老化，身躯萎缩，腰弯背弓，与青壮年人的身体比例及形体轮廓有较大的区别。老年人的身体骨架要清晰，肌肉要清楚，手脚要显粗糙，嘴角处要往里收缩，下巴可以一定程度地往外突显。刻画老年人时，可以通过适度凌乱的衣服纹路，一些标志性符号如“脱落的牙齿”“鱼尾纹”“川字纹”等突出人物的沧桑感。

人物是有情感的，人的情感大致可以分为喜怒哀乐四类。喜与乐表现形式差不多，人物喜乐时，由于情绪高涨，眼角肌肉和嘴角匝肌自然向上翘，我们在雕刻时要突出这一特征。人们常说“高兴得手舞足蹈”，我们还可以通过对手、脚的夸张处理进一步表现喜乐情绪。哀反映了人物内心的迷茫和忧愁，眼轮匝肌和嘴角匝肌要尽量松散下垂，还可以通过衣角的凌乱烘托哀伤情绪。艺术作品应该表现生活的真善美，给人以精神的愉悦和艺术的享受，让人们感受到正能量，以哀为主题的作品我很少涉及，顾客也基本上不会购买这类作品。对于怒，成语有“怒目圆睁”“横眉怒目”等，人物发怒时眼轮匝肌和额肌收缩，眼睛发生了变化，在雕刻时我们会让眉宇紧缩，同时嘴角匝肌下垂，还会把眼睛刻画成圆形，甚至让眼球爆裂，露出高光点。精准地表现出人物的情绪是一件非常不容易的事，雕刻不应只满足于外形的肖似，更要做好对人物性格及内心世界的刻画，通过“以形写神”的方式把人物情绪刻画到位，则会让人物更加传神。

关于人物脸面的雕刻。人物往往有着定型的脸面，一般可以分为甲、申、由、田、目、国、风、用八种脸型，不同脸型的特征区别明显，我们在雕刻时要有所注意。“甲”字形脸的特征为上方下尖，下巴比较尖；“申”字形脸为上窄下尖，额头狭小，两颧外凸，下巴颏尖；“由”字形脸为上窄下方，腮部过大，额部较窄，两颊和下巴处宽，常见于肥胖的人；“田”字形脸扁而方，脸较短，为圆脸型；“目”字形脸头形狭长，为长脸型；“国”字形脸方正规矩；“风”字形脸腮部和下颌角明显宽阔，为梨型脸；“用”字形脸上方下大，下巴颏宽大。“甲”字脸的人处事严谨，聪颖智慧，充满阳刚之气；“国”字脸的人富有正义感，责任心强，果断、有毅力；“由”字形脸和“申”字脸形常给人狡诈、刻薄的感觉，多为反面人物所有，这类脸型的人物我雕刻得很少。

关于手的雕刻。人们常说手是人的第二张脸，也有人说手是心灵的第二扇窗。在人物雕刻中，手无疑占据着非常重要的地位，古希腊雕塑“断臂的维纳斯”，作者之所以把双手削去，正因为双手刻画得太过精美，以至于吸引了所有观赏者的目光，造成了喧宾夺主的结果。可见，艺术作品中人物的双手具有强大的艺术感染力。把手雕刻到位并不容易，大家常说“画人难画手，画树莫画柳。画马难画走，一画易出丑”，对手的刻画重要的是要与其身份相符合，比如文人的手要修长，女子的手要纤细，佛像的手要厚重，将军的手要硕大等。

二、徽州石雕的工艺流程

在谈及石雕工艺流程之前，有必要详细说明下黟县青的选料问题。黟县青是徽州石雕的主要材料，如果离开了黟县青，徽州石雕就失去了本色。

距离黟县西递牌楼千余米的山坞里，散落着七八个大小不同的石窟，这些石窟原先是西递村建房时的采石场，石窟有大有小，有的历史较长，有的历史稍短，历史较长的石窟距今已有千余年，历史稍短的石窟距今也有数百年，稍小的石窟可容纳百余人，稍大的石窟则可容纳数千人。徽州石雕材料黟县青便产自这些石窟中。明清时期，黟县青石材的需求量十分巨大，徽州民居中的门当、石基、门楼、户对及牌坊、祠堂建筑等大多数材料都是黟县青，人们便同时开采了这些石窟以供现实需求。这些石窟以“天地玄黄、宇宙洪荒”命名，其中最大最古的当数“天字号”“地字号”石窟。

由于环境变迁等原因，很多石窟已被山体掩埋，现只有“天字号”与“地字号”两座石窟依然可见。西递一位 90 多岁的老艺人曾经告诉我，新中国成立前他目睹过一座石窟的坍塌，还掩埋了很多石匠。

“天字号”石窟

“地字号”石窟

“天字号”“地字号”两座石窟相距十余米，所产材料质量基本差不多，两座石窟由于大面积的开采，窟内地势逐渐下沉，大量雨水涌入其中，如今洞内渗水严重。

黟县青是一种青石，因产自于黟县而得名，它是徽州石雕的原材料，但并不是所有黟县境内的石料都是黟县青，只有出自“天字号”“地字号”石窟洞及周围山脉的石料才能称为黟县青。这块区域出产的石料质地细腻，石质韧性强，雕刻时不易崩裂，稍加打磨便光可鉴人。黟县其他地方所产的石料虽然都属于青石范畴，但很多并不适合雕刻，究其原因，一则所含的白筋过多，影响作品的效果；二则材料的硬度不适合。黟县青的硬度一般在4度至4.5度，这种硬度非常适合行刀，黟县其他地方所产石材的硬度约为5度，甚至超过5度，这种硬度不利于下刀。

古时徽州，不论是富贵之家还是普通家庭对房屋的装饰都特别在意，民间有“千金门楼四两房”的说法，徽州古人认为门楼是家庭的“脸面”。各家各户对门楼的选料、工序异常讲究，在石雕方面则会尽可能地选择黟县青这种好材料。目前，黟县青的储存量依旧丰富。近些年，出于对西递镇周边自然环境的保护，政府禁止了黟县青的开采。如今，徽州石雕艺人采用的多是外地如山东、河南等地的石料。

前几年，我从朋友那里购买了许多黟县青，我的石雕作品材料目前还是以黟县青为主。近年来，不少友人、顾客时常会自带材料请我雕刻，这些材料来源于全国各地，尤以福建、山东、河南的较多。这些地方所产的石材也挺不错，但和黟县青比较来说，硬度较强、韧性稍差，可塑性不如黟县青，很难精雕细刻，在进行圆雕、透雕和高浮雕时，往往会受到一定程度的限制。黟县青经过打磨后会光亮润泽，尤其被人长年累月的抚摸、触碰后更会变得乌黑光亮，这些特点都是其他地区石材所不具备的。当然，黟县青和它们比起来，也有自己的

北岸吴氏宗祠里乌黑亮丽的黟县青石狮

缺陷，如所含有的白筋或者叫英石稍多，取料过程中时常会发生断裂情况等。

常言道“一相抵九工”，判断石料是一门学问，也是石雕手艺人必须具备的基本素养。判断石材是否适合雕刻，主要依据以下几个方面：第一，硬度必须适中。硬度过高的材料在雕刻中容易碎裂，而过低的话，走刀会不流畅。第二，材料所含的杂质和白筋不能过多。杂质、白筋过多的石料只适合制作体积较大的物件，比如柱础、门槛等，如果用于雕刻，不仅会对作品设计产生影响，杂质部分在雕刻过程中还容易发生爆裂。“金无足赤，人无完人”，石头也不可能完全纯净，适当的杂质反而有助于塑造出与众不同的造型，例如，白筋可以被设计成人的白发、天上的云朵等。我曾经雕刻出一件作品，取名《飞天》，就是把白筋设计成了云彩，效果非常好。还有一次，当看到一件含有白筋的石料时，我灵机一动把作品设计成了香炉，而把白筋刻成了环绕香炉壁的玉带，作品由此取名为《玉带香炉》。

作为一名艺人，要学会巧妙利用材料上的瑕疵，有时候，中规中矩的材料并不能产生奇特的艺术效果。在雕刻过程中，随着块面的推进，一些意想不到的杂质往往会出现在我们面前，此时如不想前功尽弃，就要根据突如其来的变化随物赋形。如果能合理处理一些瑕疵，作品反而能够出奇制胜。如何处理瑕疵，则非常考验艺人的综合素养及应变能力。

含有白筋的黟县青

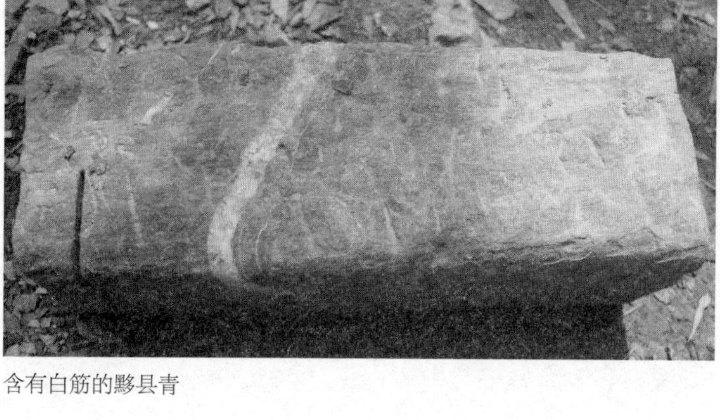

含有白筋的黟县青

用于雕刻的黟县青材料之间有很大的差别，有些黟县青适合高浮雕、镂空雕以及浅浮雕，而有些则只适合浅浮雕。雕刻表现技法不同，材料的选择就会有很大的差别，徽州石雕艺人应具备“因材雕琢”的能力。如果选料不当，适合浅浮雕的石料用于高浮雕或镂空雕，雕刻进行到一定程度后，石料便会出现崩裂，之前所有的努力将会付诸东流。选料不当不仅会浪费材料，也会浪费艺人的时间。

我与黟县青打了几十年的交道，对其性能可以说非常熟悉，如今通过观察就能基本断定出材料的性质。观察，主要是看石料的纹理和杂质含量，如果纹路异常清晰、层次结构非常分明，说明中间层面容

敲打石料

易断裂，这种石料只适合做石基、柱础等大型物件或浅浮雕作品，不适合做立体雕刻或深浮雕。如果一定要将这样的材料做成高浮雕或镂空雕，则只能在敲打不开层面的厚度上雕刻一些简单的造型。艺人对石料杂质要保持警惕性，含有杂质部分与其他部位的硬度不一样，在雕刻过程中如果我们稍不留意，含有杂质处就会发生碎裂。当凭观察还不能完全确定时，我往往会使用錾子在石材表面轻轻凿出一小块，再通过观察所凿的切面情况来确定材料特性，如果切面结构条纹过于明显，说明不适合进行深浮雕和立体雕刻。

歙砚材料——龙尾砚石也属于青石的一种，但龙尾砚石和黟县青也有很大的差别。龙尾砚石不一定有清晰的纹理，但敲击后却多呈块状，只适合做浅浮雕，不适合做高浮雕和透雕。以高浮雕或局部透雕手法雕刻而成的歙砚不利于保存，时间一长，高浮雕的部位会出现脱落，所以，歙砚石只能采用浅雕。现代人刻意创新，喜欢采用高浮雕，我认为这种创新违背了材料的自然特性，并不值得提倡。

一名合格的徽州石雕艺人首先必须对雕刻材料有充分的认知，如果连材料的属性都认识不足，又怎么能下刀雕刻呢？刚刚的叙说只是概述了选材的原理，操作过程中还会遇到各种各样的问题。对材料的判定并不是一件容易的事，需要我们在实践中不断总结经验。目前，我的弟子们还不能十分准确地对石料特性做出判定，这方面的能力仍需加强。

我们可以以两块黟县青石料为例，具体探究它们的特性。外行人或不是很熟悉黟县青特性的人，很难从雕刻的角度区分出差别。两件材料均取自于“地字号”石窟，但材料 1 来自于石窟壁上层，只适合做成大的物件，材料 2 则取自于石窟壁下层，可用以精雕细刻。换句话说，石窟壁越下层的石料越适合精雕细琢。

材料 1

材料 2

“地字号”石窟壁

对于材料 1，我不用费力便可以敲打出块面，其实古人开采石料依据的就是石料层面纹理。由此可见，材料 1 根本不适合高浮雕和透雕。

材料 1 轻轻敲打后的情况

材料 1 进一步敲打后的情况

对石料特性进行判定后，还需要用清水在石料表层浸洗一遍，其目的在于弄清楚裂缝所在的部位，并确保这些裂缝不会影响到接下来的雕刻。石料表面灰尘较多，内含的裂缝我们用肉眼往往不能直接做出分辨，但石面经过浸水后，水会迅速地朝裂缝处渗入，此时我们就能清楚地找到裂缝所在的位置。

石材浸水前

石材浸水后

徽州石雕的雕刻工具并不繁多，主要包括圆刀、平刀、弧形刀等几种。我们也常常把石雕的刀具称为錾子，圆刀也叫圆錾，平刀也叫平錾。每一种刀具根据尺寸大小可以分为大、中、小等多种样式。石雕的辅助工具有小型切割机、直尺、铅笔、毛笔、砂纸、楔、锤、斧等，在具体雕刻过程中，每件工具都有各自的用途。

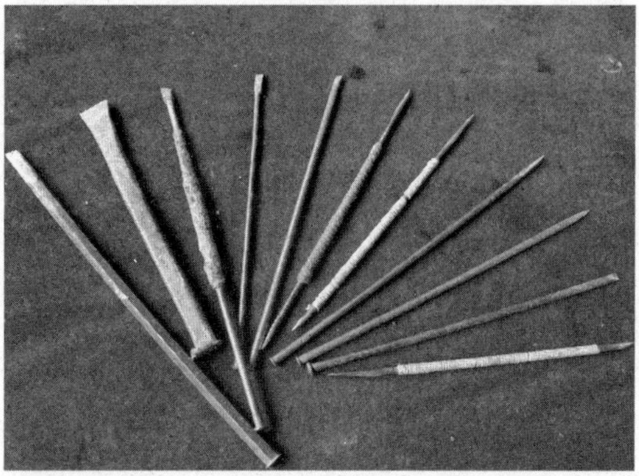
石雕刀具

平錾

石雕的工艺流程也不复杂，主要包括选料、画稿、打坯、雕刻、修光等几个步骤。我们就以创作立体雕刻《米芾拜石》为例，详细展示一下徽州石雕的工艺过程。

米芾是宋代著名的书画家，与苏轼、黄庭坚、蔡襄并称为宋代四大书法家。米芾与我们安徽有缘，曾在无为县为官。米芾一生偏爱石头，是奇石的“发烧友”，每当遇到怪石便称之为“兄弟”，膜拜不已，人们因此送给他一个“米颠”的外号。雕刻一件《米芾拜石》有着特殊的文化意义。具体来说，立体雕《米芾拜石》的工艺流程主要有：

第一步，选石。由于黟县青现已禁止开采，我的雕刻石料只能从朋友那里购得。雕刻开始之前，我会根据不同造型及技法来选择石料。《米芾拜石》因为是立体雕，我就依据人物的大小、动势选择了较为接近造型的一块石料。这样做不仅可以避免材料的浪费，还会为打坯节省精力和时间。另外，由于立体雕刻对石料要求严格，雕刻过程中需要大面积凿面和反复敲击，材料必须是上等的黟县青，其结构层次不宜分明，石料内部纹理必须细腻。同时，由于圆雕有多面观赏的特点，石料尽量不要出现太多白筋，尤其避免白筋出现在人物的脸部。白筋过多的话，一来石料在敲击过程易碎，不利于雕刻；二来还会直接影响作品的最终效果。

选料是一门学问，这也是徽州石雕艺人必须掌握的最基本的技能。如果对黟县青性能不能熟练掌握的话，徽州石雕艺人很难在短

选石

时间内选择好恰当的材料。不仅如此，石料的选择直接影响着雕刻的进程与最终结果。因此，选料至关重要，关乎下一步工作能否顺利进行。

因为《米芾拜石》是雕刻之前确定好的主题，我就根据主题来选择合适的石料，而有些时候则需要通过材料来确定主题，这时就要求我们依据石材的属性对内容进行构思和设计，这一步骤又称之为“审石”。

雕刻开始之前，我们一定要准确把握好石料的特征，除了认清石料的属性外，作品构思时，石头的纹理也是不可忽略的参考要素。例如，横向纹理的石材往往会被设计成体型宽厚的人物，我的作品《弥勒》就是典型的例子。横向纹理增添了弥勒肥硕的视觉感，与人物特征十分吻合，如果不尊重纹路方向，背道而驰，把这块石料雕刻成修长的人物，作品的效果则会大打折扣。

石雕《弥勒》

第二步，画稿。画稿即是把需要雕刻的人物、场景等用铅笔或钢笔画在稿纸之上。一些已有的题材可以直接临摹，而属于纯创作的题材则需根据自己的想象绘制出图形。《米芾拜石》因为图书中有过刊载，我就直接借鉴了它的图案。绘画，特别是素描是雕刻的基础，没有良好的绘画功底则很难做好雕刻。学习雕刻必须有较强的造型能力，而掌握造型能力的第一步就是学好绘画。如果绘画底子欠佳，雕刻出的作品不仅缺少灵韵，有时连基本的形态都会失准。雕刻与绘画虽然都是造型艺术，可它们又有着明显的差异。绘画是在画面上用线条、明暗、颜色以及透视关系等手法来描绘形象，而雕刻是一种用坚固的物质为材料，使用雕、塑、刻等手法，创造出具有真实体积的艺术形象。描绘出《米芾拜石》造型不是简单地复制临摹，而是要让自己在这个过程中熟悉人物的动势和特征，做到对造型的烂熟于胸，为雕刻的顺利开展奠定良好的基础，这便是古人所说的“成竹在胸”。由于在绘画过程中熟悉了对象，在接下来的雕刻环节中，我并不会亦步亦趋地仿效，不会让画稿束缚自己。雕刻是一门视觉性及触觉性艺术，不能完全受绘画图案的限制。

在图纸上绘画结束后，我往往会根据石材的大小，把图像的大致轮廓用铅笔在石料上勾勒出来。通过这种粗略的勾勒，可以使我更加准确地找准造型，以及把握住对象的比例，以免在雕刻中造成形态的走样。砖雕的材料大小是固定的，可以把图纸直接粘贴于砖坯之上，而后照葫芦画瓢地下刀，而石雕的每块材料大小都是不同的，用图纸贴于材料上的做法很多时候并不适合。

第三步，打坯。打坯即在石料上凿出造型轮廓，确定其部位和层次。打坯简单地说就是把材料不需要的部分全部去掉，留下所需要的部分，这件作品的打坯就是要把“米芾”的大致轮廓开凿出来。其他一些浮雕作品如山水景物等的打坯还要区分前、中、远三个层次。

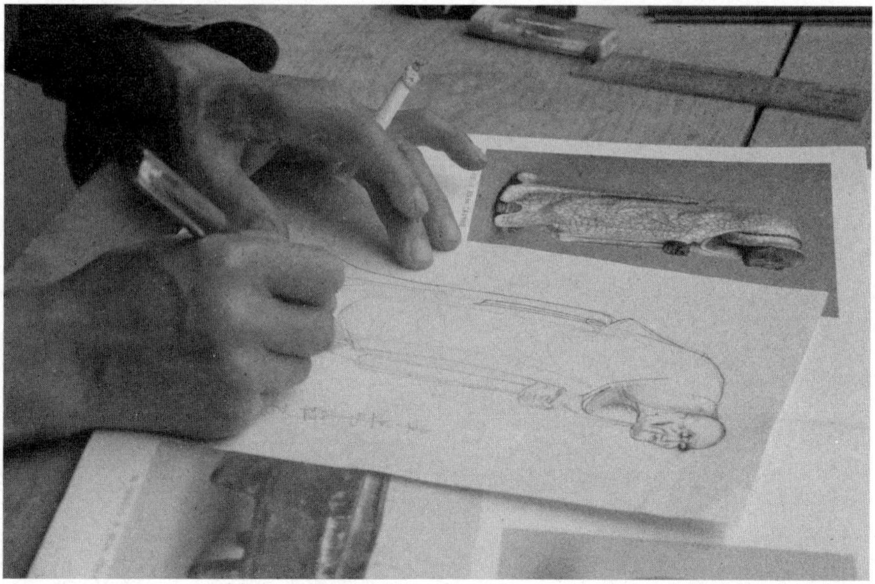

画稿

勾勒

打坯

雕刻界有句行话：“打坯打彻底，雕刻多省力；打坯不留料，雕刻无依靠。”在雕刻中，打坯做的是减法，即对材料不断削减，但是一旦材料被削减得过多，出现失误则很难挽救，此时雕刻就会遭遇到进退两难的困境。对技艺精湛的艺人来说，坯形越接近造型则越省时省力，而对技艺不够成熟的艺人来说，还是尽量多留些空余处，不能打削过多，要为接下来的雕刻留下余地。一般来说，无论技艺多么娴熟的艺人在打坯时都会留有不同程度的余地，我们还有句行话：“留得肥大能改小，惟愁瘠薄难复肥；内距宜小不宜大，切记雕刻是减法。”

石雕的打坯非常讲究，石料的敲打、开面必须依据纹理顺势进行。当敲打到一定程度，纹路不再明显的时候，石料的层面已经分解不出来了。对于不同纹理的材料，敲打时的力度也不同，敲打、开面那些纹路明显的石料，用力较为轻松，而纹路不清晰的材料，不仅费力，而且用力必须合理，需要把握好轻重缓急，否则即使看准了石料，敲打功夫不恰当也会造成材料的破坏。对于石料白筋处的敲打，我们要格外留心，碎裂情况时常会发生。总之，石料打坯要做到眼到、心到和手到。

打坯又可以分为打粗坯和打细坯两个步骤。打粗坯主要使用小型切割机把多余的块面切除。在小型切割机没有流行之前，打坯使用的全是錾子。20 世纪 90 年代，我在创作《反弹琵琶》作品时，就是用尖錾一步步敲开石头。如今，科技的发展带来了工具的变革，小型切割机的使用大大提高了打坯的效率，但要说明的是，在打坯中使用切割机与手工艺的机械化生产完全不是一回事。小型切割机在雕刻中只起到辅助的作用，它也需要手艺人用手进行操作，这种电动工具的工作比重估计占不到整个雕刻流程的百分之五，雕刻绝大多数工作还是依靠人工来完成，而机械化雕刻情况恰好相反，绝大多数是由机器完成，尤其是现代的数控雕刻，人力所占的比重已微乎其微了，因此，这两者不可以同日而语。

粗坯

粗坯是整个作品的基础，它以简练的几何形体概括出了全部构思的造型。打粗坯要达到的状态是：确定出形体之间的基本比例，做好每个体积块面的基本朝向，以及确定大的形体在空间中的基本深度。粗坯形态要求做到有层次、有动势，比例协调，重心稳定，整体感强，初步形成作品的外轮廓与内轮廓。

粗坯打好之后，接着要打细坯。打细坯就是更加准确地进行定型，继续为石料“瘦身”和“削减”。打细坯是在完成粗坯的基础上刻凿切琢各部分结构，达到能够表现出作品基本造型的目的。

尖錾

打细坯使用的工具主要有尖錾、平錾。尖錾錾头因酷似鸭嘴，所以又称为鸭嘴錾。技艺成熟的艺人使用尖錾能够在较短时间内确定好造型，而技艺不成熟的艺人则对尖錾的使用趑趄不前，很难大刀阔斧地推进。尖錾既可以排线，又可以打出层面，还可以敲出凹凸点，熟练的石雕艺人能够随心所欲地使用尖錾敲打出心中所想的形态。纵观整个石雕工序，尖錾的使用次数最多、用处最广。在这件作品中，米芾的衣纹就要用尖錾打出基本形态，尖錾能够表现出衣纹流畅之感，如果使用平錾过多的话，则突出不了这种特点。

握錾的手势非常讲究，很多石雕艺人往往采取的是攥的方法，把錾子死死地握在手掌之中。这种方式的缺点在于对錾子的把握不牢，打錾过程中力道难以掌控。我的握錾方式是把錾子固定在手指的指关节上，大拇指采用压的姿势，小拇指的第二关节形成一种抵的状态。这种握錾手势可以让五个手指形成合力，抓牢錾子，在打坯的过程中能够得心应手，顺力而行。打錾的方式，我采用的是正

握錾与打錾

面用力，而不是侧面旁敲，后者的缺点是力道不够，既耗费体力，又容易导致坯体走形。

打细坯要先用尖錾剔除多余的材料，一步步往造型靠近。使用尖錾打坯的推进速度较快，如果首先使用平錾的话，刀锋容易损伤，效果也不理想。尖錾的使用技法通常叫作“尖錾排列法”，即用尖錾开凿出一道道痕迹，在石料上排出线条。尖錾打出的线条要尽量笔直，排列要整齐，铁锤敲打的力量也要均匀，线条之间距离不能过宽，否则很容易出现大块面的崩裂，最终导致坯形的损坏。据我了解，西方很多著名的雕塑家如罗丹、米开朗琪罗等在雕刻时都善于使用这种排列法。尖錾的使用并不是件容易的事，许多石雕初学者很难掌控好力度、方向及凿痕距离。

细坯

在粗坯雕刻未完成的情况下，切忌局部深入刻画，一则会影响雕刻时对整体造型的把握，二则在粗坯需进行深入敲凿雕刻时会造成材料的损伤。打细坯一般也可分为两个步骤，即第一遍打细坯和第二遍打细坯。就《米芾拜石》来说，第一遍打细坯主要使用尖錾把粗坯打成几何体形状。在这一环节中，首先要确定出大形，再对一些部位进行开凿，要先刻出米芾身体的基本形状，然后根据身体的轮廓对脸部进行定型。如果首先确定头部，则会造成对身体形状的把握不到位。第二遍打细坯，即在米芾几何体形状确立后，进行深入打坯，要用尖錾及平錾继续刻画出精确的造型，最终显现出非常接近米芾的形态。

无论是打粗坯还是打细坯，头脑中对米芾的立体形状一定要设想清楚，图纸中的人物形象要很好地转换为立体图像。人物空间感的把握要十分精准，有了精准的图像后，人物的打坯才不至于失手。此时，绘画的平面性不能够完全照搬到雕刻上来，做立体雕刻的艺人如果不熟悉人物解剖学，对人物骨骼组成、肌肉结构不能烂熟于胸的话，那么很难准确地掌控好立体造型。比如说，米芾的手臂姿势在绘画中是用寥寥几笔的线条勾勒而成的，但我们雕刻者要明确这一动势在现实中的具体特征，这就要熟悉人物胳膊的肌肉及骨骼，要知道三角肌、肱二头肌、肱三头肌、肱肌、大臂骨、小臂骨的位置及其特点，要明白在拜石这一动作中小臂的肌群包括伸缩肌群的特点，只有这样，在对米芾手臂及其衣纹雕琢时才能与实际情况相符。

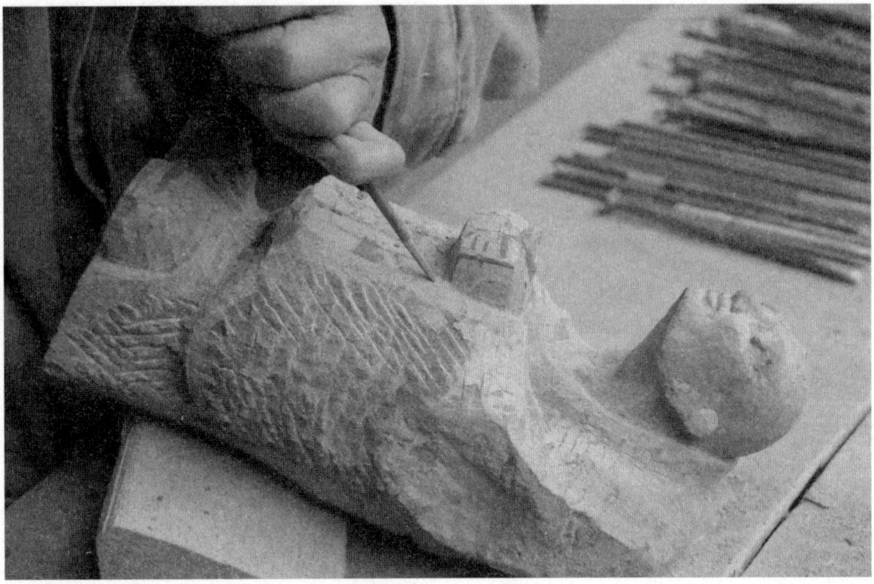

打坯时的“平錾块面法”

在此环节中，平錾与尖錾开始穿插使用。平錾刀头呈扁平形状，刀头较为锋利，适合在尖錾打出的线条基础上进行块面切削。平錾使用的技法有“平錾块面法”“平錾切削法”等。

在打坯过程中，人物头颅的打坯要遵循“宁方勿圆”原则，尽量一开始保持几何形体块，几何形体块有益于下一步调整和细刻。如果头颅坯形一开始就打成较圆润的话，一些颧骨较高、脸型较长的人物脸型则无法进一步塑造。另外，雕刻中不要刻意地追求开脸，做好打坯工作，人物形态自然水到渠成，开脸就十分容易了。对我来说，用在人物开脸上的时间并不多。

在打坯环节中，为了造型的精确，我们往往会借用直尺、毛笔等辅助工具标记出人物的关键性转折部位，以免在打坯中出现错误。打坯过程需要不断地观察、调整，这个阶段就要把米芾人体各个部位的比例、形态调整到最佳状态，比如“米芾”脚的尺寸现在就要十分准确了。人物雕刻要求脚的大小基本与脸型相当，不能出现明显偏差，实践中，我会依据“米芾”脸型长短来修正脚的大小。

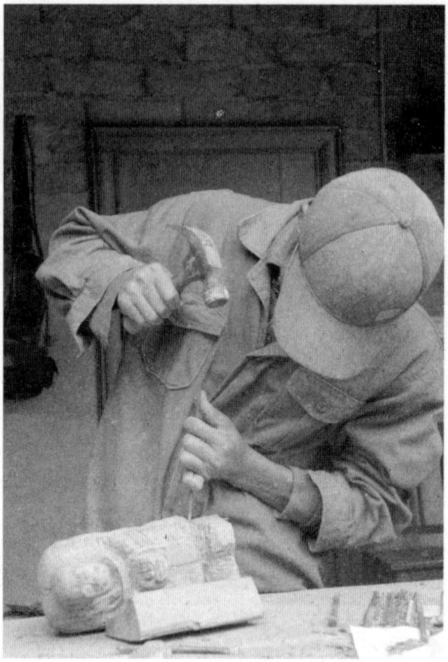

打坯

打坯工作漫长而艰苦，这不仅需要艺人们具备成熟的技艺，还需要十分的耐心。《米芾拜石》的打坯至少要持续2~3天。

打坯万一出现失误情况，也并不是完全意味着之前的工作就付诸东流，不要轻易地放弃，此时可以根据不同情况对坯形进行修改，一些失误还是能够弥补的。比如说，一些大场景中的树木打坯失手，可以重新设计一个更大的景物对其覆盖，从而弥补失误。当然，这也是在万不得已的情况下采取的措施，雕刻艺人尽量不要出现这种情况，因为即使能够弥补，整个作品的艺术效果也会受到影响。

第四步，细刻。打坯完工代表着人物造型的基本确定，此时，我们可以着手对局部进行细致雕刻了，这一环节称为“细刻”。打坯与细刻并没有严格的区分界限，不能明确地说打坯结束于哪一刀，细刻又开始于哪一时刻。打坯的后期也会进行局部的雕琢，细刻中如果感觉造型有待完善，我们也还会继续修坯。其实，每件作品在没有真正完工之前，都可以称为打坯，只是为了便于大家对雕刻工序的理解，我们通常做出这样的划分。

细刻是在准确的造型上对局部进行仔细刻画。进入细刻阶段，用锤敲击次数逐渐减少，更多的是依靠手工运刀。这时，雕刻工具中的弧形刀就可以派上用场了。弧形刀是一种定型工具，多用于刻画弧状物体，弧形刀能使得转折部位变得流畅、圆润，不至于造成猝然之感，米芾的衣纹、下巴、嘴唇等地方都可以用弧形刀进行修饰。

石雕刀具的顶端都由钨钢制成，石头的硬度强，必须要使用钨钢。木雕相比于石雕来说，之所以容易雕刻，其中一个很重要的原因就是刀具比石雕丰富。木雕刀具如斜刀、三角刀等都是石雕所没有的，我们经常会看到木雕艺人桌前摆放着几十把甚至上百把刀具。与石雕刀具相比，木雕刀具使用起来不仅省力，而且精准。石雕刀具与木雕刀具在使用时还是存在着一定的差别，比如石雕人物开眼，平刀就可以完成，而木雕则须使用圆刀，如果使用平刀就会留下突兀的刀痕，影响人物眼睛的美观。

木雕刀具

细刻的第一步是对局部的雕琢，米芾的头部细节、身体各部位、手指、衣纹、脚型等这时都要细致入微地刻画，而像脸部的骨骼如上颚骨、下颚骨、颧骨、鼻骨等效果也要用刻刀充分表现出来。

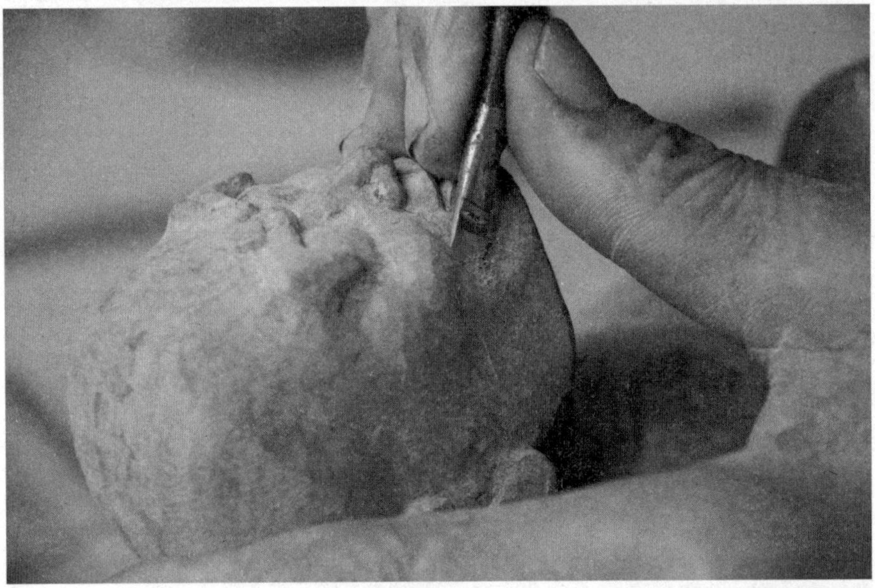

细刻

石雕虽不像木雕那样要严格按照木材的纹路走刀，但也还是讲究“刀向”的。石雕走刀时要依据对象的实际情况而确定，如刻人物、动物，“刀向”应与肌肉生长的规律相吻合，衣褶、飘带要顺着形状行刀。若刻花草、山水，则根据山脉轮廓和枝叶、花瓣的姿势确定刀向。运刀应服从内容需要，有轻重徐疾之分以及顿挫转折的变化，古人说的“疾而不速，留而不滞”，意思是运刀要如行云流水，不可停滞犹豫，运刀顿挫时，不能出现涩滞的刀痕。

第五步，修光。修光就是对雕刻完工后的石雕作品进行修整、补充和完善，使其达到细腻、光洁、精美的效果，修光所用的工具主要是砂纸和棉球等。在现实中，为了保持石雕厚重、纯正的石质感，大多数时候我很少对作品修光，这一点与徽州其他石雕艺人是不同的。其实，徽州传统的砖雕、石雕、木雕很多时候也不会修光，没有修光的作品往往呈现出一种朴素、大气之美。

修光的程度要根据具体的雕刻对象而定，像侍女的身体曲线、衣服褶皱等应该仔细修整，让其表现出优美、典雅的特征，而这件《米芾拜石》，主人翁年纪已长，在其脸部刻画上，我会一定程度地保留刀痕，恰当地展现出块面之间的衔接感，从而凸显出人物的沧桑之美。米芾是一位郁郁不得志的人物，一生却对石头有着近乎痴迷的偏爱，因此他身上衣服的纹理不可以刻画得过于圆润，应通过刀痕显示出质朴感，这种质朴感符合人物的性格特点和人生境遇。

完工后的作品

三、“余香石笛”工艺流程

“余香石笛”属于石雕的一种，但在工艺流程上与一般的石雕又有一定的不同之处，其制作流程可分为以下几个步骤：

第一步，选料。石笛的材料为黟县青，但并不是所有的黟县青均适合制作石笛，只有那些硬度适中、色泽清亮、质量上佳，绝无杂质的黟县青石材才符合石笛的选材标准，这种黟县青石料基本处于石窟岩层的下端。

选石

石笛材料不仅在质量上要符合要求，长短大小也必须得当。宽度过窄、长度过短的石料自然不在挑选范围之内，而材料体积如果过大，很多部分将会被浪费，也不是最佳的原材料。

第二步，打坯。石笛材料的打坯与石雕、木雕一样，即对原材料的一种“瘦身”。石笛的打坯用切割机将原料削减成方柱形，其体积大致为最后成品的 2~3 倍大。

打坯

打好的坯形

第三步，镂空。镂空即把坯形两端贯穿。具体做法是，先在坯形两端找准中心点，再用直尺在坯形上画出直线，以确保镂空时保持平直，然后用錾子一步步轻敲凿空。镂空过程全部为手工，工具为多把大小不等的尖錾，市面上出售的一些刀具长短不合适，我就自己动手制作了许多工具。镂空过程要特别小心，也非常考验艺人的基本功，如果稍有不慎，材料便会被弄碎。

镂空

细钢筋与砂石

镂空开凿尤为费时，在此过程中要先用尖錾轻轻地把石料凿空，然后用胶水固定好细钢筋与圆柱形砂石，再利用砂石不断消磨石料的内壁，当内壁空间变大时，再换稍大的圆柱状砂石继续打磨，直至达到既定的要求，这些圆柱状砂石都是由我自己制造而成的。石笛的内孔必须做到光滑圆润。

第四步，塑形。塑形即削减掉镂空后坯体的多余部分，然后制成笛管。笛管要求外径与内径壁厚之差必须控制在3~4毫米。此时由于石笛内部已成空心，这一步需要更加谨慎，用力稍猛，石笛就会破碎。石笛的管长、两头的直径长度均有一定的要求，以E调的石笛为例，石笛的管长约60厘米，两头空心部分一头外围直径约为3厘米，另一头外围直径约为2厘米。[①]

塑形

第五步，开孔。开孔即开音阶孔，根据笛身的不同，严格按照分布计算公式，确定不同的音阶孔位置，制成12个孔，分别为：6个音调孔、1个膜孔、1个吹孔、2个挂穗孔、2个凤眼孔。笛孔一定要

①调查过程中，方如金师傅提出对石笛的准确数据需要保密，因此文中的数据采用了概数。

圆润，开音阶孔即用尖錾在笛身上轻凿出 12 个音阶孔。

开孔

开孔

第六步，调试。调试即反复调整孔径大小与位置，以期达到最佳效果。

第七步，堵孔。堵孔即将吹孔与其他音调孔之间密封堵住，根据音质效果反复调整调音片的位置，调音片则为超薄圆形石质材料。

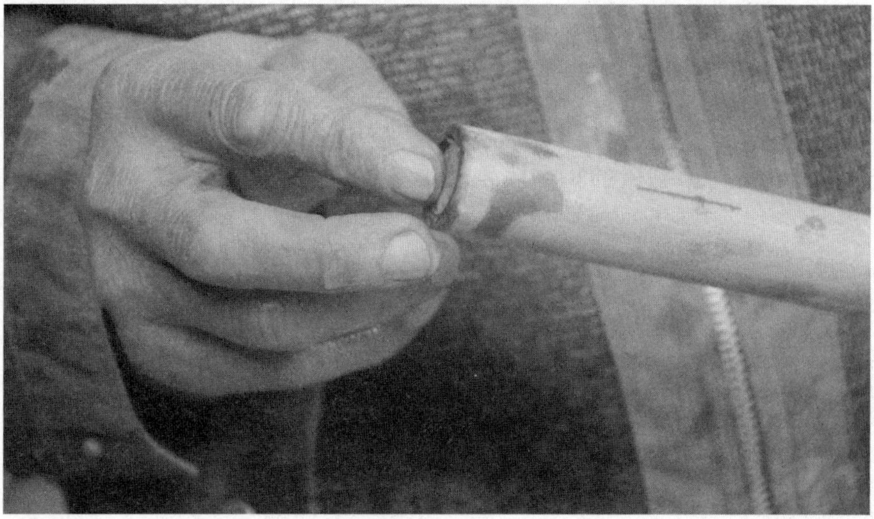
堵孔

第八步，贴膜。贴膜即将笛膜粘贴于笛孔处。粘贴时可用阿胶、蒜瓣、白芨等沾湿胶体，轻轻涂抹在膜孔周围，然后一手握紧笛身，一手将笛膜轻轻贴向膜孔。

贴膜

第九步，雕刻。雕刻即在笛管两头的空白部位刻画出花纹，以增强石笛的美感。石笛中间镂空，外表较薄，只适合雕刻一些非常浅的、简单的纹饰，雕刻时也要异常小心，防止损坏笛管。

第十步，打磨。雕刻后的石笛管表面较为粗糙，需要用砂纸进行轻轻打磨，打磨后的笛管表面光滑圆润、厚薄均匀。至此，一根“余香石笛”基本制作完成。

“余香石笛”制作的难度在于以下几点：

第一，石料开孔的基本功。石头与竹子有着天壤之别，石头坚硬且易碎，稍不留意便会开裂，返工的话既耗时，又费力。开孔的工具就是传统石雕的錾子，而不是现代化的钻孔机，打錾子功夫必须十分熟练。开孔对手艺人的基本功要求非常高。

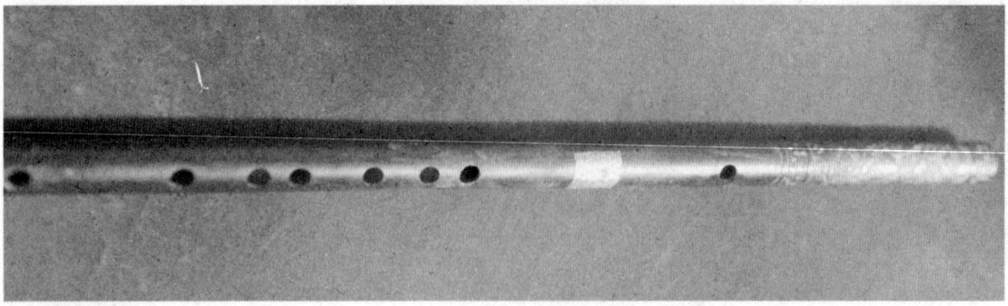

制作成功的石笛

第二，对于石笛的音准把握。石料材质为分子结构，不同于竹笛的纤维结构，石笛如果按照竹笛的音准制作，肯定不符合要求。如把竹笛的尺寸用于石笛上，音调会偏高。

由于书籍中未曾详细记载石笛的制作情况，笛管长短、音孔大小等均没有可以参考的数据，石笛制作只能依靠我自己的经验和平时所积累的知识。笛孔如果开小了，就要用刻刀逐步削磨；如果开大了，就要先用胶水把石料碎片暂时粘上，然后再不断尝试。

第三，雕刻水平和文化修养。细长的石笛管径上需要雕刻纹饰图案，以体现乐器的文化含量和艺术品位，可谓方寸之间见功夫。如果艺人的雕刻水平不够精湛，图案雕琢时容易损坏笛管，而文化修养不足的话，即使雕琢出了花纹，也有画蛇添足之嫌，石笛因此缺少了文雅之风。

如上所言，石笛的制作难度系数非常大，如果对黟县青材质没有充分的认知，并且具备熟练的雕刻技巧的话，根本无法完成这项工作。另外，校准音准的难度相比于开孔有过之而无不及。除了娴熟的雕刻技能，手艺人还必须精通乐理知识，并具备一定演奏技能，只有如此才能准确地确定孔径大小和间隔，音阶、音准、音色也才能做到精准。

在制作石笛时，为了校准音准，我只能通过无数次地吹奏，用自己的听觉来判断。在测试音准时，往往会出现意外的情况，即顶部几个音孔的音质相差无几，而尾部几个音孔音质却有明显的差异，究其原因是由于石头内部材质的细微差别所致。石料的细微差别会对笛子发声产生巨大的影响，而 70 厘米左右长度的黟县青石材，在成色一致的情况下，很难准确找出局部细微处的差别。材质的问题，我们无法用人力进行弥补。如果出现了这种情况，就意味着笛子是不合格的，也意味着之前所做的努力全部付诸东流。

第四章

徽州其他类型民间雕刻

徽雕指的是流行于古徽州地区的民间传统雕刻技艺，它有狭义与广义之分，狭义的徽雕指的是徽州三雕，而广义的徽雕还包括竹雕、根雕、砚雕等。

徽派雕刻历史悠久、种类繁多，除了石雕外，徽州木雕、砖雕以及砚雕、根雕等均取得了辉煌的成就。在雕刻石雕的同时，我会经常雕琢一些木雕、砚雕和根雕作品，对于这些雕刻我也有一定程度的了解和认识。

一、徽州三雕

在我们徽州，祠堂、民居和牌坊被称为“徽州三绝”，而镶嵌在徽州三绝中的木雕、石雕和砖雕就是“徽州三雕”。“三雕”使得“三绝”精妙绝伦、神采奕奕，“三绝”使得“三雕”厚重古朴、端庄大方。徽州三雕在“三绝”中表现最多的当属民居建筑。徽州民居那高低错落的马头墙，清一色的白墙黑瓦，在绿水青山的映衬下，宛如一幅幅山水画卷。

传统的徽州民居虽然外表朴素，但内部却极其奢华，有“民间故宫”的美誉。“有堂皆设井、无宅不雕花”是徽州民居的典型特征，“井”

是指天井，“雕”就是指三雕艺术。当我们随意走进一幢保存较好的徽州古民居，在其门楼、门楣、屋檐、屋顶、屋柱、梁枋、窗楹、栏板等部位上，都能够发现一些精致的砖雕、石雕和木雕。这些雕刻，技艺之精湛，造型之优美，内涵之深刻，往往令人钦叹。在古代的徽州，房屋雕刻是一种风气，不论是富裕之家，还是贫困家庭，都会竭力地在门楼、屋梁上雕文刻镂，只不过富裕之家的雕刻更加精致和美观，贫困家庭的雕刻往往较为简洁。

徽商的成功是徽州三雕兴盛的根本原因。经济基础决定上层建筑，徽州三雕工艺与徽商有着直接的关联。明清时期，在外成功经商后的徽州人把大量钱财用于了家乡祠堂、房屋的建设。衣锦还乡是中国古代外出者的普遍期盼，衣锦还乡后的徽商们为了光宗耀祖，不惜花费重金在家乡大兴土木，修祠堂、建豪宅则是常见的行为。而在实际建设时，由于古代封建社会等级制度森严，民间建筑的规模、样式有着严格的规定①，富商们不能将家宅、祠堂建成王府官邸般气势恢宏，因此只能把金钱和精力用在建筑物的细部装饰上，最终造就了雕刻工艺在徽州的兴盛。

对于僭越造宅，我曾听闻过休宁三槐堂的故事：建造于休宁城南8公里处秀阳乡溪头村的三槐堂，是明代举人王经天的故宅。王经天于万历年间（1573—1620）中了举人，欣喜之余便斥巨资修建了这所宏伟的建筑。该建筑坐北朝南，白墙黑瓦，庄重大方，由门前广场、门屋、享堂、寝殿组成，占地面积900多平方米，为砖木结构，据说光柱子就有180多根，为徽派祠堂建筑所少见，被称作当地的金銮殿。明代朝廷对建造民居有严格的要求，三槐堂的建造严重违反了规定，

---

①（明）张廷玉：《明史·舆服》：“庶民庐舍，洪武二十六年定制，不过三间五架，不许用斗拱，饰彩色。三十五年复申禁饰，不许造九五间数，房屋虽至一二十所，随其物力，但不许过二间。正统十二年令稍变通之，庶民房屋架多而间少者，不在禁限。”

是对封建等级制度的一种僭越，差一点给王经天招致杀身之祸。后来徽州人吸取了王经天的教训，便把财力和艺术创造力用在了建筑物的细微处。

此外，我认为徽州人的群体心理特征也是造就徽州三雕兴盛的一个重要原因。徽州人喜好面子，一直有互相攀比的心态，徽州民间多年来流传着“千日门楼百日房”的谚语，意思是盖一栋房子百天左右大体可以完工，而一套门楼则需要上千天才能建好。房屋以实用为主，而门楼更多的是一种装饰。这则谚语主要突出了徽州百姓对于建筑物装饰的重视程度。徽州人认为房屋是家庭财富、身份及地位的象征，是家族兴旺的重要标志，房屋中的雕梁画栋能够彰显家庭的富足与昌盛。徽州古人雇用工匠往往不计较工钱，房屋建造得越精致、越繁复、越考究，就越好，砖雕门楼讲究气派，石雕柱础、石基不失端庄大气，木雕追求典雅精美，雕刻装饰被大家作为财富、地位的象征物而营造，谁家的雕刻精致，另外一家便力求更进一步，设法超越。这种竞争攀比的心理促进了徽州三雕技艺的不断进步，主观方面推动了三雕艺术的发展。奇巧玲珑和典雅工丽的徽州三雕正是古代徽商财富的象征。总之，徽商的富庶是徽州地区工艺发展的根本原因，徽州的雕刻工艺也因此名震四方。

明清两代是徽州三雕工艺水平的高峰时期，尤其是清代中后期，这是一段让无数徽州艺人深感自豪的时期。在空前丰厚的物质财富基础上和工艺技术逐渐改进的条件下，三雕工艺不断实现着自我超越。在那个时期，手工艺者们追求的并不完全是财富，他们更多的是希望实现自己的艺术理想，让自己的作品能够流芳百世。他们不惜花费最大的精力去追求技艺上的精益求精和巧上加巧，所留下的作品让今天的我们叹为观止。古时候的工匠们常年被雇主雇用，生计并不需要担心，这一点不同于今天的手艺人。在今天的消费环境下，手艺人不仅要考虑生产，更要与市场接轨，大部分精力都放在了产品的销售上，导致无法全身心地投入艺术创作。此外，古时的徽州，工匠比较受人尊重，民间有“三代当官也不可轻视蛮匠”之说，建房时房屋主人经常会和工匠们一起吃饭、喝酒和聊天。徽州人贾而好儒，文化水平很高，他们会不断地把自己的艺术见解和认识告之工匠，工匠雕刻出的作品因此流露着一股文气雅味。今天建房时，房东与手艺人缺乏交流，手艺人自身的文化水平也不可与古人同日而语。在古代，徽州的工匠们能够专心致志地进行艺术实践，雇主也要求他们尽心竭力、不断改进，对待每一件作品，他们都会精雕细镂、一丝不苟，哪怕投入再多的时间也要高质量地完成任务。慢工出细活，这样的作品不可能不巧夺天工！仔细观察古代留下的木雕、砖雕和石雕，你会欣赏到流畅的线条、纯熟的刀法和繁多的层次，细微之处也是干净利索，不留瑕疵，作品缺憾之处非常稀少，可以说，留存至今的很多作品都是我们今人学习的典范！

“徽州三雕”具有很高的文化价值和艺术价值，在国内外享有盛誉，2006 年被列入《第一批国家级非物质文化遗产名录》。

（一）徽州木雕

木雕是一种在木材或树根上进行雕琢的造型艺术。在我国，木雕历史久远，分布广泛，由于各地的民俗、文化和资源条件不同，我国木雕形成了诸多具有地方特色的流派，其中最具影响力的当属东阳木雕、乐清黄杨木雕、广东潮州金漆木雕和福建龙眼木雕，它们也被人们称为中国四大木雕流派。虽然徽州木雕名气比不上以上四派木雕，但无论从时间跨度，还是从艺术成就上说，徽州木雕并不比它们逊色。

历史上，徽州木雕多用于古建筑物和家庭用具上，民居、祠堂、寺庙等古建筑的木制架梁、梁托、雀替、檩条、楼层栏板、华板、莲花门、栏杆等处都会出现木雕，其雕刻手法包括浅浮雕、深浮雕、圆雕、透雕等。具体而言，檩条、华板、窗栏板以及格子门腰板等雕刻以浅浮雕为主，斜撑、雀替、月梁、元宝、天井四周上方栏板等处使用圆雕、深浮雕较多，格子门的格心则多使用透雕。

徽州木雕的材料绝大多数产自徽州当地。在古代，除了一些家具少量使用的是外地运输过来的紫檀、黄花梨等外，绝大多数徽州木制物件采用的都是本地木材。徽州身处皖南山区，有着丰富的山林资源。徽州人就地取材，以本地区的木料作为主要的雕刻材料，其中主要包括楠木、樟木、柏木、银杏等，而这些木材在使用方面又有一定的区分。

在徽派建筑物中，杉木和松木的使用范围最广，徽州人常把这两种之外的木种统称为杂木。具体而言，格子门大多数用的是杉木，冬瓜梁则以松木为主。松木粗壮结实，形状较为规则，既圆又直，适合作梁架。另外，坚韧不拔的松树象征崇高的品格和精神，在中国文化中，松树往往象征着长寿、吉祥和高贵，因此梁架上使用松木非常合适。民居中的牛腿（斜撑）[1]也多用松木。我们徽州松木主要有两种：有一种容易生虫，不宜用作雕刻，当地称其为“糠皮松”；另一种松木，不易生虫，其油脂在过去常常用于点灯照明，是雕刻的好材料。松树形状好，生长周期较快，适度砍伐并不影响生态环境。徽州古建筑物的斜撑木料除松木、杉木外，樟木也比较常见，经典的樟木斜撑以绩溪龙川胡氏宗祠为代表。樟木不易虫蛀，硬度适中，比较适宜雕刻，

① 牛腿是中国古代木结构建筑特有的一种构件，位于檐柱外侧，斜向支撑檐、枋的檐下结构。北方俗称“马腿”，南方叫“牛腿”，牛腿又可称为“撑拱”“斜撑”。

除斜撑之外，樟木还是制作小姐窗的主要材料。

古代徽州人有很强的生态保护意识，他们特别重视对山林、植被的保护，并制定了许多乡约村规加以约束。据我所知，徽州古人会明确规定哪些树木当年可以砍伐，伐树前还要举行祭拜仪式，如果发现有人私自砍伐树木，人们则会对其进行惩罚：责令其购买大量纸币焚烧完砍伐后所留的树桩。正是由于人们的保护，古代的徽州草木葱郁，树木品种繁多，稀有树种随处可见，像金丝楠、红豆杉在古代徽州都是常见的雕刻木料。只不过近些年来，在城市化进程中，建房、修桥、铺路砍伐了不少树材，一些树种濒临灭绝。

树木砍伐后要进行相应的处理才能进行雕刻。树木的表皮首先要剥去，之后外层泛白的部分也要除去，雕刻主要使用里层部分。树木里层密度较高，质地坚硬，利于行刀运凿。另外，像樟木里层所含的分泌物比外层明显要多，这些分泌物能更好地防止虫噬，木料外层的水分较多，纹理不够清晰，质地松软，一段时间过后容易开裂，不太适合雕刻。

徽州木雕对木材类别没有特别的讲究，材料使用上也无严格的规定，只要适合行刀走线的木料都可以作为雕刻对象。虽然斜撑、格子门等多以杉木、松木为主，但并不代表其他种类的木材不可以使用。相对于木材来说，徽州木雕更加注重题材内容和雕刻技艺。

（二）徽州砖雕

木雕的雕刻对象为木材或树根，石雕的雕刻对象为石料，而砖雕的雕刻对象则是经过烧制的青砖。苏州砖雕、北京砖雕、广东砖雕以及我们徽州砖雕都是全国著名的砖雕流派。据我所了解，砖雕艺术大致可以分为北方体系砖雕和南方体系砖雕。北方体系砖雕以山西砖雕和北京砖雕为代表，它们工艺纯熟，造型洗练，风格古朴豪放；南方体系砖雕以徽州、苏州、广东地区为代表，注重布局、层次，造型精致，风格空透灵巧，蕴涵着阴柔之美。砖雕素有“南徽北晋”之称，徽派砖雕风格秀气，以雕刻手法的细腻著称，内容尤以花鸟、山水、人物为主，晋派砖雕造型粗犷，雕刻手法大气恢宏，题材以走兽、飞禽、神话故事为主，两派砖雕代表了中国南北方民间雕刻艺术的不同美学风格。

徽州砖雕广泛用于古民居的门楼、门罩、八字墙、安全窗、尾檐及牌坊、神位龛座等，很多明清时期的徽州古建筑如祠堂、书院、民居、寺庙等至今依旧保存着精美的砖雕，而在徽州的现代建筑中，大型壁画、照壁及别墅、高档酒店、艺术馆等往往也会用砖雕进行装饰。

传统的徽州砖雕除了安装在窗罩、镂窗或照壁上外，大部分集中于门罩和门楼上，门罩、门楼的额枋、方框与挂耳随处可见精致的砖雕，其中额枋中通景是徽州砖雕门楼中最精彩的部分，它一般由五至七块砖雕拼接而成，内容涉及历史人物、故事传说、瓜果花卉等。砖雕通景如同一幅手卷式的绘画作品，长五至七尺，高不过尺许，但景中有景，层次错落分明，能在统一的平面上向内深雕六七个层次，并运用浅浮雕、高浮雕、透雕、半圆雕和镂空雕的方法，在厚度仅数寸的青砖材料上使得人物和景物凸起。一件好的砖雕作品不仅雕琢精细，更要富有层次感，在光线的照射下，往往会出现背景与主体的明暗对比，整个画面仿佛顿时披上了一层油画般的特质，现藏安徽博物院的额枋通景——《百子图》是徽州砖雕中的经典之作。

徽州砖雕在全国自成派别，独树一帜，根据工艺流程又可以分为窑前雕和窑后雕两大类别，这是根据雕刻与烧窑的先后顺序进行的划分。窑前雕是先雕花后烧制，即在泥坯上雕刻好后再将其放入窑里烧制，而窑后雕则相反。前者多分布于绩溪、黟县境内，黟县的西递、宏村、塔川等许多砖雕采用的都是窑前雕手法，后者更为普遍，尤集中于歙县区域内。窑前雕的优点在于省时省力，雕刻出的作品线条流畅，平面自然圆滑，缺点为作品进窑烧制后局部会产生不同程度的变形，画面效果因此受到影响，出窑后也不便拼接，作品完整性难以保证；窑后雕是在已烧制成形的砖坯上进行雕花，其优点为形象生动、画面整体均衡，完整性较好，缺点在于线条稍感生硬，刻刀痕迹明显，雕刻过程中较为费力耗工。从艺术上看，窑前雕和窑后雕各有千秋，并无孰优孰劣之分，只是窑前雕的手法较为简便，变形走样是其明显的缺点，烧制完工后艺人们必须对作品进行修补。

传统徽州砖雕的原料多取自于新安江北岸优质的黏土，受到水流的冲击，江北的土质黏性较好，适合用作雕刻。徽州砖雕传统工具主要有錾子、楔、扁錾、刻刀、锤、斧、剁斧、剁子、磨头等，随着科技的发展，某些工具已有了替代品。现在砖雕的工具主要有切割机、斧头、打坯机、尺子、毛笔、锤、刷子、刻刀等。无论是过去还是现在，砖雕最重要和使用最为频繁的工具还是刻刀，刀具又分为许多种：平刀、斜刀、圆刀、凹圆刀、半圆刀、勾刀。平刀则是主刀，重要性不言而喻，主要任务是铲；斜刀主要用于雕刻人物；圆刀、凹圆刀、半圆刀是用来雕刻云雾等带有弧形的物体；勾刀多用于镂空部分的雕刻。

明清时期，手工业的迅速发展、商业的兴盛、世俗文化的繁荣以及科技领域的突破等诸多因素共同促进了三雕艺术的发展。相比而言，明代至清前期这一时段，徽州三雕图案简洁，技法单一，风格质朴、洗练，清中期以后开始变得繁杂、精细，至清末、民国时期则达到了艺术的顶峰。清末、民国时期三雕的图案丰富多彩，包括人物神祇、祥禽瑞兽、花草山水、器物、锦文、字符等，题材涉及祈福纳吉、驱邪禳灾、伦理教化等不同内容，高浮雕、镂刻、透雕的工艺手法此时达到了成熟的地步，层次繁多、细节丰富是这一

黟县塔川窑前雕门楼

歙县窑后雕门楼

时期作品的显著特征。

徽州三雕虽都属于古建筑雕刻，但在运用范围上还是存在明显的区别。相比而言，砖雕基本用于制作门楼、门罩，运用面相对较窄；木雕多存在于建筑物内部空间之中，如门窗、撑拱、梁托、雀替等，使用范围最广；石雕主要用于牌坊及建筑物四周的装饰，如神采奕奕的石狮子、古朴典雅的抱鼓石、坚硬无比的石栏杆等，一些精美的门楼也会采用石雕。石雕受材质影响，比木雕、砖雕更加耗时费力，一幅石雕门楼的制作成本往往比砖雕高出许多倍，一些殷实商贾之家才会斥巨资建造石雕门楼。

（三）徽州三雕的艺术特征

徽州三雕是徽文化重要的组成部分，也是徽州文化的灿烂一环。中国的雕刻历史悠久，源远流长，砖雕、石雕、木雕并非徽州独有，全国很多地区也都有类似的雕刻。中国民间雕刻艺术按照地域、技巧特点、表现风格等要素，可以分成诸多流派，像砖雕就有苏州砖雕、山西砖雕等，木雕有东阳木雕、潮州木雕等，石雕有惠安石雕、浏阳石雕等，每一流派的雕刻都有着属于自己的风格特征。徽州三雕在发展历程中也烙上了鲜明的特性，有着异于他者的独特之处。

在徽州，我们手艺人常把徽州三雕的艺术独特性称为“徽味”，“味”指的就是风格特征。徽州三雕的刀法和雕刻技巧与其他流派差异不大，“徽味”的独特之处主要体现于人物造型与主题内容等方面。

第一，徽州三雕的人物比例独特。独特的身形比例是徽州三雕的一个典型特征。西方美术界认为人物站立的时候，头部与身体之比约为1 ∶ 7，现代雕塑基本遵循了这个规律，东阳木雕、潮州木雕的人物基本接近这个比例，而徽州三雕的人物比例约为1:6或1:5.5，这一点与现代雕塑及其他地域的雕刻明显不同。

徽雕人物造型大多来源于戏曲人物，它大胆地借鉴了戏曲脸谱、戏曲服装的艺术精髓，但借鉴不是照搬照抄，戏曲艺术和雕刻艺术毕竟表现形式不同，雕刻中各类脸谱和服饰的程式化造型源自舞台戏剧而又超越于舞台戏剧，人物造型在雕刻世界里得到了调整和改造。戏剧中的生旦净末丑衣服肥硕，如果雕刻中的人物比例遵照戏剧的话，那么刻画出来的人物头部就会显得非常渺小，整体形态会产生视觉失衡。因此，在人物头与身体的比例上，徽雕对人物头部大胆地作了放大处理。除此之外，三雕多存在于建筑物的门楼、门罩、梁托等部位，观赏者很多时候需要仰视，这就更加要求采取这样的比例。

徽州木雕窗栏板

第二，在人物头面造型上，徽雕也有自己的特色。徽州三雕人物头面都较为丰腴，男男女女、老老少少莫不如此，艺术来源于生活又反映生活，我认为这是徽州人心态的一种反映，与徽商的成功有着直接的关系。

徽商作为中国封建社会最大的、最有影响的商帮之一，以资本雄厚、活动范围广、经营项目多、兴盛时间长而著称，徽商在明清时期达到了鼎盛，积累了大量的财富，可谓户户殷实。富比王侯的徽商在家乡兴建祠堂、民居，用美轮美奂的三雕装饰着自己的宅院，大量的砖雕、木雕、石雕让徽派建筑变得堂皇宏丽。丰厚的经济基础为艺术发展创造了良好的条件，工匠们你追我赶、争创一流，不断挑战着艺术的高峰，最终造就了徽州三雕的辉煌。

富足的徽商们在房屋雕刻装饰上，一方面持之以恒地追求技艺的精益求精，一方面借此表现出现实世界的富贵景象。徽州雕刻的画面在尽显华藻繁缛的同时也彰显着贵族气息。古人认为人物头顶平正、地阔方厚是一种富贵相，所以，徽雕中的人物头面尽可能追求大气、饱满。即使那些皱纹明显的老人，脸型依然宽厚大方，不失福气。清代中后期，徽商虽然逐渐衰落，但几百年形成的贵族心态和文化心理并没有陡然中止，人物雕刻上依旧遵循历史的风貌，富贵之气没有失去。徽雕人物自始至终都彰显着历史赋予徽州人的自豪感及对未来的自信。另外，富贵之相的刻画也是对子孙瓜瓞绵延、繁衍不息和家族昌盛的一种祈盼与向往。

优越的心态已经融进了徽州人的血液里，时至今日依然不曾改变。我在与西递、宏村徽商后人们接触的过程中，每当看到他们谈及先辈时，脸上都会情不自禁地流露出一种自信和优越感。古代徽州人殷实的物质财富以及在此基础上形成的文化心态是造成三雕人物面貌丰腴的主要原因。

第三，题材内容上，徽州三雕广博精深。三雕的题材非常广泛，人物、山水、花鸟、走兽、八宝博古、几何形体、文字等无不涉及，其中又可以大致分为人物和动植物两大类别。

以人物为主的题材包括名人轶事、文学故事、戏曲唱本、神话传说、民俗风情、民间故事和社会生活等，既有描绘帝王将相的贵族生活、文人墨客的风雅人生、商贾远行的旅途生涯以及书生伏案攻读的，又有反映游艺表演如耍灯、舞龙、舞狮的民间活动的。在三雕中，你可以看到温文尔雅的书生、慈眉善目的老者、砍柴归来的樵夫、田里耕种的农夫、牛背骑行的牧童等不同的人物造型，像“关云长夜读春秋”“郭子仪拜寿”“八仙”“百子图”“渔樵耕读”“麒麟送子”“和合二仙”这些都是徽州三雕常见的内容。

以动植物为主的题材包括吉祥动物、花卉植物与博古器物，吉祥动物有龙凤、麒麟、狮子、大象、松鼠、喜鹊、蝙蝠、金蟾、马、猴、鸡、鹿、牛、羊等。花卉植物大致可分为花卉类、植物类、瓜果类以及仙草类，花卉类如梅兰竹菊、牡丹、荷花等，植物类如松树、柳树、杨树等，瓜果类有石榴、松树、葫芦、桃子、葡萄、佛手、南瓜、柿子等，仙草类有灵芝、艾草等。博古器物有琴、棋、书、画、八宝、花瓶、香炉、挂屏、壶、碗、盘、鼎等。

另外，在纹饰中，云龙凤纹、盘长纹、拐子纹、缠枝纹、回纹、云纹、灵芝纹、卷草纹、西番莲纹都是常见的图案。

追求财富和吉祥的理想世界，寄托人们对于幸福、美好生活的向往是徽州三雕的一个重要内容，为此，徽州工匠们往往会采用谐音、象征、意会等多种表达手法。谐音如马、猴图案，取猴与侯的谐音，意为“马上封侯”；莲花、芦苇图案，取莲与连，芦与路的谐音，意为“一路连科”；蝙蝠、金钱图案，取蝠与福、钱与前的谐音，意为“福在眼前”；葫芦图案，取“福禄”的谐音。象征如石榴、葡萄象征着人们多子多福，梅兰竹菊象征着高洁的品行，仙鹤、寿桃、松树象征着长寿，牡丹象征着富贵，狮子象征着威武、刚毅等。意会如博古图案表明高雅的情怀，八宝图案寓意子孙兴旺、富贵长乐，山川美景寓意着恬静舒适的生活。总的来说，传统的徽州三雕可谓“图必有意，意必吉祥”。

图案吉祥、寓意深远并不仅仅属于徽州三雕，上述这些题材内容在中国其他地区的民间雕刻中亦非常普遍，我认为，注重道德教化应是徽州三雕在内容上最典型的特征。

首先，在道德教化方面，三雕倡导修身之道，如对忍耐的推崇。“郭子仪祝寿图”是三雕常用的题材，图案的上部往往会刻上“忍”字，“百忍图”在三雕中也频繁地出现，这些图案都在告诫人们要通过忍让来提升个人修养。我觉得，忍让不是懦弱，而是一种宽容。忍让是一种美德，当人们在日常生活中遇到烦心事或与他人产生矛盾时，要尽量克制自己的情绪。夫妻相处需要忍让，邻里相处需要忍让，同事相处也需要忍让，与陌生人相处更需要忍让。徽州三雕提醒大家：人与人之间应该相互尊重，相互包容，只有这样，家庭才能和睦，社会才能和谐。

其次，三雕极力宣扬忠孝节义等美德。宣扬忠孝节义是徽州三雕最为突出的主题，古民居门板上雕刻“二十四孝”的情景屡见不鲜，“卧冰求鲤”“拾葚供亲”这些二十四孝图形象逼真，感人至深，让人深受启发，是教育孩子很好的“教材”。另外，“岳母刺字”“苏武牧羊”“一诺千金”等也是常见的雕刻题材，它们生动传达着中华文化讲“忠义”、重“气节”的精神内核。徽州三雕中一则则历史典故、民间故事浓缩了古人行为处事的道理和智慧，充分展现着中华民族的传统美德。

明清的徽州被称为“东南邹鲁”“程朱阙里”，在古徽州，儒家伦理道德影响深重久远，无论是族规、家训，还是楹联、故事，或者是祠堂、牌坊，无不彰显着浓厚的伦理道德思想。三雕建筑装饰在某种程度上也成为徽州先民道德教化的工具和宣扬伦理思想的载体。徽州人把伦理思想镌刻在门楼、窗户、门板、梁托上，那一个个历史典故、一幅幅生动画面潜移默化地影响着一代又一代的徽州人，无不时时刻刻提醒着大家遵守传统道德。可以说，三雕就是无言的伦理教科书。徽州人这种“寓教于美”的教化方式具有很强的渗透性与感染力，所收到的成效往往比直接的教育更加明显。

除了上述几点外，徽州三雕的艺术特征还体现在取景与选题上。徽州三雕偏爱“小桥流水”“园林水口”的场景，喜爱刻画文质彬彬的读书人。“小桥流水”是我们徽州传统古村落景观特征、地理布局的反映，家乡的秀色山川、乡土风情一直是徽州雕刻创作常见的题材。在封建制度下，读书入仕被列为正道，受环境及历史因素的影响，徽州人对于读书入仕更加渴望，于是，他们把心中的这份渴望变成了刻刀下的人物造型，这既是一种自身的心灵寄托，也是一种对后代的勉励。

此外，徽州三雕之味还反映在一些局部细节上，如松针就有三种表现：圆形、喇叭形和扇形。在具体的雕刻技法上，徽州木雕往往会使用单刀走线，松针切法、花叶的脉络在这一方面体现得尤为明显，这些是其他地域雕刻所少见的。

徽州三雕承载了徽州人民的心血与智慧，是徽文化不可或缺的组成部分。徽州三雕自始至终都不是纯粹的装饰品，它包含着鲜明的思想情感和深邃的文化内涵。对我们现代手艺人来说，学习传统的徽州三雕，不仅要学习雕刻手法，还要学习古人的为人处世之道，争取做一名德艺双馨的手艺人。

中国传统文化博大精深，各个地域的雕刻都有属于自己的风格特征，在徽州三雕中，木雕虽未被列入全国四大流派，名气还比不上东阳木雕、潮州木雕。徽州石雕、砖雕的影响力在全国也不是首屈一指，但当你走进徽州三雕的世界，你会由衷地惊叹徽州工匠的鬼斧神工与慧心巧思，你会发现它们一点都不比其他流派逊色。传统徽州三雕中的人物栩栩如生、生动传神，面目表情千变万化，内心世界丰富多彩，真让人叹为观止！这一点是现代数控雕刻机永远不可能达到的境界。

作为徽州艺人，我为徽州雕刻和徽州文化感到自豪，我们徽州人应该对自己的文化抱有信心，应当坚信徽州的雕刻一定能够继往开来、发扬光大！

（四）徽州三雕的鉴赏

传统的徽州三雕精细美妙、工致灵巧，总体水平要远远高于当下，这一点可以从遗留下来的历史作品中得到印证。但古徽雕作品之间的艺术水平也是存在着不小的差别，可以分为好、较好、一般三个档次。就作品的构图来说，有的作品构图过满，存在着堆砌之嫌，水平比较一般，而有的作品在构图上吸取了中国绘画的精髓，章法得体、疏密均衡、错落有致，这样的作品韵味十足，属于上乘之作。遗留下来的传统三雕并不可能全是精品。古代徽州民居、祠堂不计其数，“无刻不成屋，有刻斯为贵”，当时几乎每幢房屋都有雕刻，成千上万的雕刻作品不可避免地存在着水平上的差异。

作品的巧拙主要取决于工匠技艺水平的高低。古代徽州工匠学艺普遍都非常认真，他们刻苦钻研，努力进取，整体水平与现在不可同日而语，但其内部也存在着参差不齐的状况。虽然每位工匠的学习态度都很端正，但由于个体天赋、艺术上的理解能力、文化修养以及师傅的水平不尽相同，个人最终的成就自然有所区别。

工匠们各有擅长，即使是同一工种也是如此。拿木雕来说，我常常发现一些古民居中的小姐窗很精致，有的是窗栏板精致，而有的则是梁托精致。在观察传统徽州三雕的过程中，我得出了以下结论：古代建造房屋时，徽州的砖、木、石雕工匠之间有的可能缺乏交流，所呈现的作品质量因此参差不齐，例如，有的房屋中砖雕异常精美，石雕、木雕却很一般，而有的则恰恰相反，当然，富贵之家的三雕水平整体都不错。即便是水平一般的作品，现代的许多工匠都达不到这样的水准。

如何鉴赏三雕作品，或者说如何对三雕作品的艺术水准做出合理的判断，主要依据以下几个标准：

第一，构图是否得体。构图指造型艺术的形式结构，也可以说是物体、景物、人物等艺术形象各元素的安排与组合，其基本关系包括均衡与对称、对比和统一、疏与密。在雕刻中，构图又称为“章法”“布局”或“经营位置”等，它是作者艺术观、审美观的一种体现。

构图的成功与否关系到作品的好与坏，可以说是决定一件作品成败的先决条件。绘画、文章、摄影都十分讲究章法和布局。一幅优秀的雕刻作品宾主、呼应、远近、虚实、疏密等关系都会处理得恰到好处，整体画面具有和谐的美感及深邃的意韵，歙县北岸吴氏宗祠内的石雕《西湖十景》及《百鹿图》可以算作这方面的典范。《西湖十景》和《百鹿图》系列石雕在构图上疏密得当，布局巧妙，左右照应，错落有致，作品章法严谨，气韵生动，意境优美，深得中国山水画的精髓。

第二，人物刻画是否精准。人物是雕刻作品的核心和灵魂，也是观赏者最为关注的内容和眼光停留时间最长的部位。一件好的作品在人物雕刻上不可失手，人物可以说是评判作品能否成功最关键和最直接的要素。

评判人物，第一步要从形态着手。具体地说，首先，人物形体比例应该得当，肆意篡改比例法则会造成人物的失真。其次，人物形体刻画要符合他的年龄与身份，老人、孩子、青壮年的样貌各不相同，达官贵人与平民百姓形态体貌也有所差异，文人与武将更有所区别。面部雕刻在形体中尤为重要，我们通常称之为“开脸”。人物脸部刻画不仅要精准，而且要生动、传神。一幅作品不论人物有多少，如果出现三个及以上人物开脸雷同的话，就意味着失败。最后，人物的动作、姿势也要与实际相符，站立、行走、坐卧、爬蹲等姿势要符合实际情况。雕刻是对人物瞬间动作的捕捉，随着人物姿势的不同，造型会产生较为明显的差别。

第二步看神态。神态是指人物鲜明的个性特征和独特的精神面貌。人物的喜怒哀乐、悲愁苦忧是神态，菩萨的慈悲、关公的刚毅、孙悟空的机智勇敢、钟馗的貌寝与正气也是神态，这些在雕刻时都要充分地表现出来。换句话说，人物的举手投足、一颦一笑都要反映出他的特定精神状态和真实的内心情感。抓住人物鲜明的形体特征或特有动作则有利于表现神态，如王熙凤的“三角眼”、关公的“长美髯”、弥勒的“大肚皮”、李白的“邀明月”、姜太公的“直钩垂钓”等。

在人物雕刻过程中，细节往往决定着成败，像服饰衣纹就是不可忽略的细节部分。衣纹要与人物特征、年龄相吻合，仕女的衣纹要精细简洁，凸出婀娜的身材美。老人的衣纹要曲折繁多，反映出沧桑感。衣纹还要与人物个性相符，如李白孤傲潇洒，衣纹就要奔放流畅；关公凛然正义，衣纹就要干净利落、刚劲挺拔；而弥勒性格风趣随和，衣纹就要柔软圆滑。

动植物的刻画也不容忽视，特别在一些没有人物的画面中，它们占据着至关重要的作用。无论是花草树木，还是飞禽走兽，形态和神态都要刻画到位，比如竹子既要生动有趣，又要把高洁的气节凸显出来；牡丹花不仅要形象，更需传递出一种雍容华贵之气；狮子既要逼真，又要表现出固有的威武之感。总之，只有做到了形神兼备，对象才能够栩栩如生。

第三，刀法是否娴熟。刀法指的是雕刻技术，即根据目标，运用各种技巧，将原材料雕刻成为理想状态的技艺。刀法是雕刻艺人的基本技能，精湛的刀法是好的作品必备的要素。

在雕刻中，刀法讲究一气呵成，不可拖泥带水。好的刀法留下的线条如行云流水、流畅自然，不娴熟的刀法所刻的线条反复曲折、断断续续。正如书法行笔要一气贯通一样，在雕刻中，不管运用何种刀法，一刀一划都要求一次成形，线条要一刀到位，反复多次在同一位置的行刀会带来拖沓、堆砌的毛病，反映了手艺人基本功的不扎实。不可否认的是，在遗留下来的徽州三雕中，偶尔也能见到不成熟的刀工痕迹，比如画面中一些“配景”的雕刻上，有的刀法显得不够精练，我想这有可能出自徒弟之手吧！弟子们在学徒的过程中，不可能不进行实践，师傅们往往会安排一些不太重要的内容让他们雕刻，比如作为配景的花草等。

干练、老辣的刀法能够体现作品的力度之美，这种“力度”就是一种血脉润畅和贯气通神的气势。传统的徽州三雕完工后往往不打磨，作品中一刀刀的痕迹在今天看来依然清晰可见，这些痕迹显示着“入木三分”的力度美。我认为，雕刻之美是一种力量之美，凡是给人美感的雕刻都应该是有力度的。力度既体现在线条的遒劲，也体现在造型的传神。力度是骏马奔腾的气势，也是老牛的倔强勤劳；是山石的苍劲厚重，也是流水的蜿蜒曲折；是竹子的不屈不挠，也是松树的坚韧挺拔；是武将的威猛，也是仕女的玲珑曲线。

刀法是雕刻者的基本技能，人物刻画体现了手艺人的观察能力和造型能力，而构图则考验着艺人们的审美水平和设计能力，一件好的作品在这三个方面都不应该出现明显的瑕疵。

传统徽州三雕的艺术成就非常高，但受工匠水平、经济条件、房屋主人喜好等多种因素的影响，众多的三雕作品之间艺术水平会有高低之分，例如西递敬爱堂的石雕马，我认为虽古朴有余，但灵动不足，胡文光牌楼与之相比，所刻的动物、人物活灵活现，艺术水平显然更胜一筹。西递的松竹梅的窗户，融绘画与雕刻于一体，充满着文人气息，既体现了工匠们精湛的雕刻手法，又包含着一种中国画的意境，艺术成就比前两者都要高，可谓徽州石雕的一流作品。

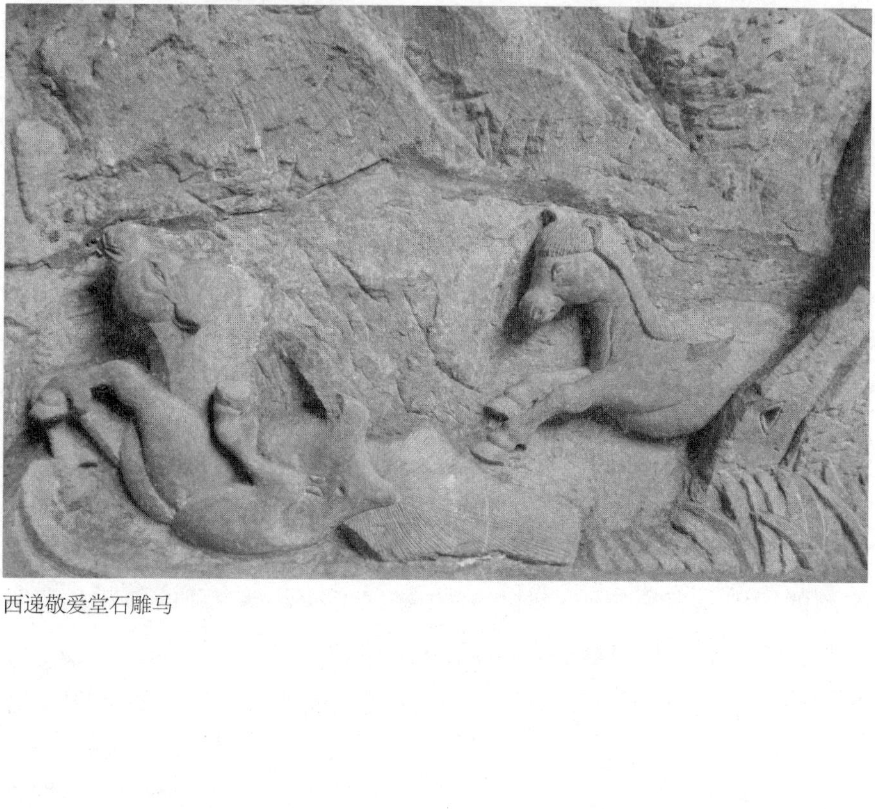

西递敬爱堂石雕马

松竹梅石雕漏窗

这件松竹梅石雕具有超越时代的意义，在徽州古民居石窗中，冰裂纹、拐子龙纹、回纹、卷草纹是常见的纹饰，花卉则大多穿插其中，而这件作品以透雕的方式突破了传统雕刻的藩篱，让人耳目一新。这幅作品对我的启发很大，20 世纪 90 年代我常与一些著名的画家交流，他们一直告诫我要恪守传统，但我认为，应该在坚守传统的基础上有所突破，时代在发展，艺术需要合理的创新。在实际雕刻中，我学习了这幅石雕的创新精神，在坚持传统技法的前提下，尝试进行了创新。创新并不是标新立异，现代很多艺人打着创新的旗帜，走上了求奇求怪的道路，比如我曾经去北京参观雕塑展览，就发现有的艺术品就是事物的随意拼接，有的则把桌布弄成皱褶后用绳线捆绑在一起，还有的甚至把刀斧随意劈砍的木头当成了艺术品。这些作品明显缺乏艺术感染力，也与艺术精神背道而驰。我认为，艺术要表达作者的思想感情，作品要能够让读者产生思想共鸣，不论哪一种艺术都必须遵守各自的表达方式，比如工笔画要秀丽、山水画要深远等。

虽然古代很多徽州雕刻作品存在着瑕疵，但它们的总体水平明显高于现代。那时的工匠长期专注于一项技艺，不断积累经验，用一丝不苟的态度和精益求精的精神为后人留下了许多经典之作，与现代手艺人相比，他们的作品刀法娴熟、画面干净、思想情感丰富。作为当代的徽州手艺人，我们不仅要向他们表示敬意，更应该继承徽州工匠的文化基因和敬业精神，踏踏实实地做好自己的手艺。

二、徽州根雕

根雕是指以树木的根部为艺术创作对象，创造出具有一定的风格特征、美学品质和文化价值的艺术形象，进而表达艺术家的思想情感和审美趣味的一种雕刻艺术。

我国根雕艺术历史久远，20 世纪 80 年代，湖北江陵楚墓出土的战国时代的根雕是目前所见最早的根雕实物。明清时期，我国根雕艺术走向了顶峰，浙派、闽派、徽派地域性根雕流派逐步形成，其中最为著名的当是“嘉定三松”和“封氏三杰”。20 世纪七八十年代，我国再一次出现了“根雕热”，中国根雕艺术美术学会的成立推动了根雕艺术的发展，徽州根雕也是在这个时期重新焕发了生机。徽州根雕现为省级非物质文化遗产项目。

根雕工艺的要领是根据根形原有的特征，融入自己的思想感情，根材在经过适当的雕琢后能够为读者留下想象的空间，因此根雕创作最重要的法则是“自然”。唐代书画家张彦远说：“自然者为上品之上，神者为上品之中。”①“自然”是中国艺术的最高价值和目标。根雕艺术所说的“自然”就是指根材的原生状态，根雕须本着“三雕七磨”的雕琢基本原则，以磨为主，以雕为辅，尽量少动刀，更不能流露出刻痕刀迹。“三分人工，七分天然”，如果雕琢过多，就破坏了材料原生的机理，变成了木雕，作品就显得不自然了。总之，根雕艺术必须做到“妙法自然”“随形而成”，这样的作品才能出神入化，如果生搬硬套，强迫别人接受你的创作思想，这便与根雕艺术的创作宗旨背道而驰。

方如金正在进行根雕创作

① [唐] 张彦远《历代名画记》：“夫失于自然而后神，失于神而后妙，失于妙而后精，精之为病也而成谨细。自然者为上品之上，神者为上品之中，妙者为上品之下，精者为中品之上，谨而细者为中品之中。余今立此五等，以包六法，以贯众妙。”转自傅慧敏《中国古代绘画理论解读》，上海人民美术出版社 2012 版第 49 页。

人们常把根雕与木雕进行比较，两者虽然在雕刻材料、刀具上基本相同，但是存在着较大的差别，最根本的不同体现在创作原则和出发点上。具体来说，木雕追求的是材质与技工工艺，可以根据需求随心所欲地设计主题，天然的东西少了很多；根雕追求的是自然美，人工痕迹越少越好，能不动刀尽量不动，能少动刀尽量少动。世界上没有两件完全相同的根形，也就没有两件完全相同的根雕，根雕应当尊重自然，充分表现出大自然的造化之美，它常常被誉为“无声的诗”“立体的画”。在木雕创作上，作者一旦确定主题，就可以大胆地按个人喜好和志趣去雕刻，甚至可以制作出许多几乎相同的作品，而根雕会受材料形状的限制。木雕创作按要求立意，不同于根雕的因材立意。木雕虽讲究技法和工艺水准，却是在相当规范的几何形材料上进行雕刻，运刀自如，不受材形的局限。根雕受材料限制，在那些盘根错节、杂乱无序的根料中，取材用材。根雕作品主要取决于艺人的想象力和创造力，艺人们不仅要具备一双能工巧手，还要具备高超的审美创造力，如果不具备一定的文化修养、独到的审美意识和丰富的想象力，没有因势利导、随机应变的动手能力，所雕出的作品很难打动读者，感动读者。

徽州根雕技艺流程并不十分复杂，主要包括以下几个步骤：

第一步，根雕选料。徽州根雕对材料的选择并没有特殊的要求，并不是非要选取特别昂贵的根材。从艺术创作角度来说，没有无用的材料，只有无用的手艺人。大自然的材料集“天地之灵气与日月之精华”，雕刻艺人应该珍惜材料，对雕刻的物体要秉持尊重的态度，充分利用好材料，努力创作出有文化内涵的作品。据我所知，徽州根雕的材料主要有樟木、柏树、红花檵木等，柏树纹理细腻，樟木本身有一种香味，又可以防止虫噬，而红花檵木的根形较为特殊。

我的根雕作品取材非常广泛，除了上述根材外，还雕刻过红豆杉、阴沉木、越南黄花梨等，阴沉木是长年藏于水下淤泥里的树木，楠木、檀木等阴沉木价格现在十分昂贵。对于根雕取材，我看重的是材料的造型和形状，尤其钟爱特殊、怪异的造型，而对材料的种类并不十分讲究。根雕的价值一方面取决于材料本身，另一方面取决于创作者的艺术水平，比如竹根材料非常便宜，但经过雕刻艺人奇思妙想的设计和巧夺天工的雕刻后，价值就不菲了。对于根雕的选材，我认为人们不应该为了雕刻而刻意砍伐树木，这是一种破坏大自然的行为。

第二步，清理去皮。根雕材料多取自于树木根部，往往在地下埋藏较久，雕刻之前需要对根材进行清洗和去皮清污。在清理的过程中，首先要剔除根材的须根，把这些对雕刻没有用的附属物切削掉，再用刀具对表皮进行去除，最后用水清洗干净。

第三步，根料阴干。根雕材料经过剥皮、清洗后，还需自然阴干，其目的在于防止材料开裂。传统根雕阴干时间较长，有的甚至超过三年。现在，由于科技进步，阴干的时间已大大缩短。竹雕工艺流程中用高压锅盛水煮竹也是出于这个目的。当然，水煮竹子还可以起到防虫蛀的效果。但我认为不论是树根还是竹根，以自然阴干为好。

第四步，构思设计。构思设计是根雕技艺的核心步骤，在这一环节中切忌急于求成。根雕不像砖雕、木雕和竹雕，这些雕刻材料都有固定的样式，可以根据所思考的内容进行设计和雕刻，有一定的程式化规律，而根雕最大的不同则是要根据根材天然的形状进行构思，即因材而为。

具体地说，构思设计需要艺人们对根材进行细致的观察，再结合自身的生活体验，发挥想象力，设计出一款既能符合自然形状，又能充分表达内在情感的作品。构思设计环节需要创作者具备丰富的生活阅历和超乎寻常的想象力，这对创作者的艺术素养要求极高。

根雕的构思设计，我们将其称为审根。根雕审根如同石雕的审石，但由于根材千变万化，审根比审石更具难度。审根时间长短难料，时而短暂，时而漫长，有时灵机一动顷刻而成，有时则耗时相当漫长，所以制作一件好的根雕作品没有确定的时间段。审根要依照根材的固有特征，立下创意、因势利导，根材的色泽、洞穴、疤瘤、纹理等都可以启发创作者的灵感。对于有些根材，一眼看见便会激发我的想象，瞬间就可以确定主题，而有的根材则让人百思不解，虽然苦思冥想，但还是一时难以明确主题。这时，我往往会反复思考，多角度观察，从材料的正面、侧面、反面不断琢磨，或俯视、或仰视，白天思考无果，就尝试着利用夜间的月光或灯光再进行构思。2015 年 7 月份，我曾购买了一件红豆杉根材，材质上等，造型也较为独特，接下来的连续几个月，我一直在构思如何去设计，没有充分考虑好之前我是不会随意动刀的，这是对大自然的一种尊重。原先，我的工作坊摆放了不少根材，有些根料光构思就长达好几个月，甚至一两年时间。

根材的外形格外重要，它直接决定着作品主题。很多朋友经常拿根材过来请我帮助雕刻，有些材料造型过于普通，很难创作出惊艳的作品。有些根雕艺人刻意用自己的想法对根材进行强制改造，把材料变得面目全非，这样就失去了根雕工艺的精髓。根材雕琢要随形而刻，我的每一件根雕都没有破坏它自然的机理，尽量遵守自然法道、以形赋意的原则。

第五步，雕刻成形。主题构思好后，下一步便是雕刻。在雕刻过程中，艺人的心要细，手要巧，作品以达到“天然去雕饰”的境界为最好。根雕的雕刻刀具种类并不太多，主要分为圆刀、三角刀和平刀三大类，木雕工具基本可以满足根雕需求。当然，圆刀、三角刀和平刀有大中小号不同类型，数量也不少，比如圆刀可以分为大圆刀、中圆刀和小圆刀，其半径从两三毫米到三四十毫米不等。三角刀主要用于走线、刻字，也可以用于女子头发等的雕刻，平刀虽然也可以走线，但效果没有三角刀好，也没有三角刀顺手。三角刀的效果如同汉八刀，汉八刀是玉器制作常见的工艺技法，其实并不是要用八刀雕刻，而是类似于八字形。汉八刀有两层含义：一是形容其刀工简练、精到，如同八刀而成；二是用刀讲求左右对称，行刀后左右两道线槽形成了“八”字的效果。平刀主要用于铲底、修平等；圆刀则雕刻像云片这些带有弧度的景致。此外，还有一些特殊的刀具如菱形、尖锐的雕刀等，这些也可以算是三角刀，它们主要用于细微处、拐角处的雕刻和清理。

第六步，还原本色。雕刻成形后的根雕需要还原根材的本色，这种本色指的就是自然的颜色，一般采用火枪喷烧进行处理。喷烧在于去除雕刻时留下的刀痕，淡化人工雕琢的痕迹。喷烧完后再用钢丝刷打磨，甚至还可以用酸进行一定程度的腐蚀，最终让作品回归到自然状态。

根雕雕刻工具

还原本色只是一种修饰，严格来说并不算是做旧。根雕如果不去还原，就会显得不自然，缺乏韵味。另外，如果还原技法不到位，一些刀痕残形依旧会裸露于外表，这样就会破坏原有的天然纹路，遮盖其固有的淳朴与清新。我在出售根雕作品的时候，都会告诉对方是还原的作品，从来不会以做旧品充当老的物件。

在还原本色步骤中，雕刻者要仔细揣摩原本根材的自然机理，力图使作品恢复到原汁原味的状态，出色的根雕艺人应该具备精妙的还原功夫。还原本色并不是一道可有可无的程序，高超的还原功夫可以让根雕作品化腐朽为神奇，是根雕工艺的“点睛之笔”。

第七步，作品取名。还原本色并不是根雕工艺的最后一步，作品的命名也是不可缺少的环节。根雕是靠创作者独创的隐喻、象征、寓意等手法将自己的情感融入造型后传达给观赏者的一门造型艺术，而作品的命名有着“点题”的作用。由于根雕作品大多由感而成，有很强的创造性和较浓的抽象意味，给作品取名可以起到对创作意图的提示、引导、加深理解等作用，从而让观赏者与创作者形成情感上的纽带。

作品取名是一门高深的学问，它体现着雕刻者的文化素养和知识水平，起名要文雅，切忌俗气，同时要有韵味，不能过于直白，名字最好能给人们留下想象的空间。

三、徽州砚雕

徽州砚雕指的就是歙砚雕刻。我们徽州的歙砚名声远扬，与甘肃洮砚、广东端砚、黄河澄泥砚齐名，并称中国四大名砚。歙砚砚石以婺源龙尾山（罗纹山）出产的龙尾石品质最优，所以歙砚又称龙尾砚。人们常把歙砚石材分为“老坑”和“新坑”。顾名思义，古时开采的砚坑石料称为“老坑”石，近现代开采的则称为“新坑”石。

方如金向笔者讲述歙砚知识

歙砚硬度较硬，下墨非常好，它的平均硬度为 4 度左右，在四大名砚中是最高的。端砚的特征是带有“石眼”，《砚谱》中说“端石有眼者，最贵”。“石眼”为端砚添上了晶莹的色彩，也为制砚者的创作构思提供了广阔的驰骋天地。雕刻者根据各名坑“石眼”的特点和形态，巧妙设计，精心雕刻，充分利用和发挥“石眼”这一自然天成的优势，创作了极具欣赏性的艺术品，这是端砚最为独特之处；澄泥砚产于山西、河南一带，由沉淀千年的黄河渍泥加工烧制而成。澄泥砚没有非常特别的纹路，雕刻者可以根据自己的思路大胆设计，其雕刻手法不拘一格，丰富多彩；歙砚自带的花纹十分独特，包括鱼子纹、罗纹、金晕、银晕、眉纹、金星、银星、玉带、彩带等，这些纹理美观大方，细腻雅致。

眉纹、金星、金晕、玉带等以绚丽斑斓的图形呈现于砚石表面，让我们领略到了大自然的鬼斧神工。金星砚石因含有星点状黄铁矿而得名，雕刻者往往会把它设计成“踏雪寻梅”“雨打芭蕉”等图案；眉纹又称眉子，像人的眉毛一般，呈黑色。眉纹砚石底色青莹，石质坚细温润，既素雅大方，又利于发墨。砚石金星、金晕等材料产自砚山矿藏的上层，而眉纹石则处于砚山矿藏的底层。相对来说，金星、金晕这些材料较为普遍，价格不会太高昂，而眉纹的材料比较稀缺，材质更佳，价格也相对较高。另外，眉纹在特殊的光线下呈立体、灵动的画面效果，观赏者在不同的光线和角度下所看到的眉纹状态也不一样。从某个角度看，眉纹是黑色的，而转动180度左右后你就会发现，原来呈黑色的眉纹明显变淡甚至呈灰白色。眉纹石也分为好几类，对眉就是其中的一种。对眉纹路工整清晰，平行成对排于砚面，酷似人的双眉，是眉纹中的珍品。从古至今，婺源眉子坑一直是歙砚砚石中代表性坑口，其出产的眉纹石材材质最佳，市场价格昂贵。当然，婺源新坑也会有不少眉纹石，但这些眉纹纹路略显凌乱，不够美观大气。质地上佳的眉纹石纹路或似笑眉绽放，或似初春柳叶，或似吴钩弯刀，让人爱不释手。

砚台在古代是文人的书房用品，实用性是它的第一要素。古代歙砚多为素形砚，最常见的有“抄手砚”“风字砚”“箕形砚”“蝉砚”等。除此之外，还有一些随形砚。雕刻随形砚时，创作者要根据歙砚石料的纹理进行构思，并按照砚石自然的形状进行雕琢，最终达到自然与人工水乳交融的状态。

歙砚雕刻在“文革”期间基本停滞。20世纪60年代，歙县成立了歙砚工艺厂，开始着手恢复砚雕技艺，这一时期著名的艺人有胡震龙、汪律森等。胡震龙等人主要秉承了古代的歙砚雕刻技法，无论是主题还是表现形式都遵循着传统。从20世纪80年代末90年代初这段时间开始，歙砚的发展轨迹开始改变，表现形式和技法悄然发生了变化。这一时期，人物雕刻开始频繁出现在砚石上，高浮雕等手法也被陆续使用。虽然砚雕和三雕都是徽州传统的手工技艺，但它们在材料、用途和技法上还是存在着很大的差异，砚雕与三雕有着属于自己的发展道路。从目前情况来看，除了方建成等个别砚雕艺人把徽派民居、徽州三雕的一些外在表现元素融进了砚雕外，歙砚雕刻并没有过多汲取徽州三雕的“文化营养”。歙砚上雕刻的人物大多参考的是经典画册上的内容，而基本没有借鉴传统徽州三雕中的人物造型。

判断歙砚雕刻成功与否，作品的构思设计是最关键因素。构思设计体现着雕刻者的审美能力和想象能力，创作者通过构思设计赋予了作品独特的文化内涵和风格特点，一方上佳的随形砚在构思设计上必定巧夺天工，意境唯美。具体来说，砚石的设计应该疏密得当，层次分明，既要体现出优美的画面感，又要彰显出物象的空间感。

歙砚的构思设计重点在于审石。所谓审石，即是对石料的形态、纹理、品相等进行仔细阅读与思考，最终寻找到最符合材料特征的雕刻主题，“审石”直接反映着雕刻者的艺术能力。歙砚审石与根雕审根十分相似，但也有明显区别。砚雕是一个层面的审视，而根雕由于是三维、立体型雕刻，可以从不同层面进行审视，最终做到“面面俱到”。

传统歙砚人工雕刻的成分较少，图纹只是砚台的一种点缀。随着时代的发展和人们书写工具的变化，歙砚的功能发生了很大的改变，实用性大大降低，观赏性却不断增强，收藏价值也逐步提高。如今，砚雕艺人突破了过去的艺术表达方式，砚台样式不断实现突破，歙砚逐渐走向了艺术化，例如，高浮雕、透雕手法的大量运用，主题丰富多样，可以说，这也是对新时代审美方式变化的一种适应。但无论歙砚如何变化，我认为最核心和最具灵魂的文化要素——砚池，不能缺少。砚池，别称砚海、砚泓、砚沼，或墨池、墨海等，是一方砚台的低洼处，用来存清水或墨汁，它可大可小，因材而异，再小的一方砚台，都应该留出一处作为砚池，毕竟它是砚台最重要的文化符号。如果少了“砚池”，砚台就彻底变成了石雕。

现在很多人常说，砚雕是徽州石雕的一种，这种说法稍显片面。砚石是一种特殊的石头，从广义上说砚雕可属于石雕，但歙砚是古人的文房用品，用途不及徽州三雕广泛。徽州石雕与砚雕比较起来，虽然雕刻的对象均为石料，但有着明显的不同，具体而言，主要体现在以下几点：

第一，材质上的差异。徽州石雕材料主要是黟县青石，歙砚石材主要为龙尾石，黟县青硬度在 4.5 至 5 度，比歙砚石硬度略高。

第二，从应用范围上来看，徽州石雕更加宽泛。玲珑剔透的石漏窗、高大威武的石狮子、古朴典雅的抱鼓石、精巧绝伦的石栏杆、敦厚结实的石柱基、林立众多的徽州牌坊等，无不展现了徽州石雕的精湛技艺，而歙砚是摆放于文人案头的书写用具。石雕的样式较为宏大，多用于民居、祠堂、牌坊等建筑上，典型代表如举世无双的歙县“八脚牌坊”。说到“八脚牌坊”，民间传说认为它是由许国的学生私下瞒着许国建造而成的。① 这只是一种传说，可信度不高。我认为建造这么一座气势宏伟的“八脚牌坊”，一来是为了表彰许国彪炳千古的历史功绩，二来寄托了人们祈盼德政昌隆太平盛世的愿望。该牌坊四面布局了 12 只石狮，前后各 4 只，左右各 2 只。石狮形态雄踞，告诫

---

①据《中国民间故事全书·安徽黄山市·歙县卷》记载，许国，歙县人，是明朝嘉靖、隆庆、万历三代重臣。隆庆年间，明王朝曾赐他一品服出使朝鲜，“馈遗一无所受，朝鲜勒碑以颂”。万历十二年九月，许国因平定云南边境叛乱有功，晋升为少保，封武英殿大学士，同时恩赐在其家乡建造牌坊，流芳千古。据说一般臣民只能建四脚牌楼，否则便是犯上。而当时徽州达官显贵、乡绅巨贾众多，四脚牌楼林立。许国是地方的骄傲，如果只是造一座四脚牌坊，无法体现他的官重威显。许国的弟子们便灵机一动，为其建立了一座举世罕见的“八脚牌坊”。许国得知后，生怕招来杀身之祸，迟迟不敢返京。无奈，皇帝三番五次催促回朝，许国只得战战兢兢回到皇帝身边。此刻，皇上责备说道：“朕准卿四月之假回乡造坊，为何延为八月？建坊这么久，不用说是四脚，就是八脚也早就造好了。”许国一听，顿时口呼万岁，奏称“谢皇上恩准，臣建的正是八脚牌楼”。皇帝听了哭笑不得，皇帝金口一开，不得反悔。从此“八脚牌坊”得以“合法化”。

着徽州人无论从事任何事业，都要如狮子一样勇猛精进、奋进不止。几百年来，“八脚牌坊”警示着外出经营、遍布全国四面八方的徽商们要注重团结，相互帮助，相互扶持。

第三，题材内容的差别。砚雕题材较为单一，多表达着文人的喜好和雅趣，而徽州石雕的主题则丰富多样，包括传统道德、忠君爱民、祈盼富贵、高雅情趣等多方面内容。

第四，从雕刻手法来说，石雕既有浅浮雕、线雕，又有透雕、高浮雕、半圆雕等，而砚雕主要以浅浮雕为主。歙砚的材料龙尾砚石纹理缜密，坚润细腻，苏东坡曾评价龙尾砚“涩不留笔，滑不拒墨”[①]（《孔毅甫龙尾石砚铭》）。米芾也说过：“呵气生云，贮水不涸。”[②]龙尾砚石之所以深得文人墨客的偏爱，主要因为它所含的矿物粒度细，微粒石英分布均匀，“贮墨不涸”“发墨益毫”，能够很好地助力研墨。在龙尾砚上研磨出的墨水会带有砚石的矿物质，用这样的墨水书写，墨色生动、亮丽。龙尾砚石材料本身开凿面不够丰富，只适合浅浮雕。很多砚石独特的纹理如金星、眉纹等只存在于石料很浅的层面，如果雕刻过深则会破坏原来的纹路，失去自然的美感。另外，歙砚材料比较珍贵，其发墨特征也要求尽量采用浅浮雕，如果做成高浮雕、镂空雕，一来违背了石料性质，二来因为高浮雕、镂空雕占用了材质很大的面积，磨墨的空间因此大大减少，与砚台原本的功能相左。

当然，随着时代的不断发展，歙砚与徽州石雕都在不断发生着文化变迁。现如今，徽州石雕不单单只用于建筑物上，艺术品成为了石雕新的生命形式。

---

①苏轼《孔毅甫龙尾石砚铭》：“涩不留笔，滑不拒墨，瓜肤而谷里，金声而玉德。”
②米芾《砚史》：“金星宋砚，其质坚丽，呵气生云，贮水不涸。”

第五，雕刻工具也有区别。石雕的工具主要有圆錾、尖錾、平錾等，錾子在石雕艺人面前也可称为雕刀，而砚雕主要是靠刀、平刀、三角刀等。

与石雕相比，歙砚有着无可比拟的优势，这种优势就是它别具一格的纹理。歙砚石独特的纹理如金星、金晕、眉纹为雕刻者提供了丰富的创作素材和巨大的想象空间，艺术创作者们可以充分利用这些纹理，激活思维、驰骋想象，最大限度地展示自己非凡的艺术构思，最终创作出不落窠臼、惊世骇俗的砚石作品。

第五章

我的爱好与代表作品

我的兴趣爱好较为广泛，音乐是我最大的爱好，除此之外，我还喜欢书法、读书等。在“余香石笛”制作过程中，音乐方面的知识对于我制作石笛起到了至关重要的作用，而书法、读书等对我的雕刻也大有裨益。

我是一名石雕艺人，石雕是我的主攻方向，但平时我也会雕刻一些根雕、歙砚、木雕等，不同类型雕刻之间的原理是相通的，尝试其他类型的雕刻对自身技艺的提高会产生很大的帮助。

一、我的兴趣爱好

如果说雕刻是我的职业，那么音乐就是我最大的兴趣爱好。对于音乐，我一直有种难以割舍的情怀，或许天生对音乐就有一种亲近感和敏锐感吧。孩提时候，讨饭或算命的人每次来到我们村里都会摇个拨浪鼓或拉个二胡，只要一听到这些音乐声，我就会放下书本或手中活儿，跟在他们后面聆听。我不知道是否拥有音乐天赋，反正对音乐非常喜欢。杂货郎手中的拨浪鼓和笛子让儿童时期的我爱不释手，由于喜爱，我还偷偷拿过家里的鸡蛋去和他们交换笛子。

小时候，隔壁生产队晚上常常放电影，一听说要放电影，我就无比兴奋，很多时候顾不上吃饭就跑过去观看。与其他人不一样的是，我看电影并不在意电影故事情节，而主要是去聆听其中的音乐，电影中的歌曲，我一般听过两三遍后便可以记住其中的曲调和歌词，也可以随口哼出来。长大些后，我还可以使用真假声演唱歌曲，曾经我就用这种方法模仿过电影《刘三姐》里的插曲。

当我第一次接触到五线谱和 do、re、mi、fa、sol、la、si 时就感觉特别亲切，音乐基本知识对我来说常常是一点就通，音乐课也是我上学时最为喜欢的课程。在我们读书时，音乐被纳入正式考试科目，我的音乐成绩会远远高出其他同学，同学们因此给我起了“小音乐家”的绰号。初中时候，我就能吹奏笛子，这足以让我在同学们中感到骄傲。读书期间，一旦攒到钱，我就会去书店购买音乐书籍，之后便沉浸在音乐的海洋里。随着不断地学习，我的音乐水平也在逐步提高。

说到音乐，不得不提起我的父亲，他在音乐上可以算是我的启蒙老师。父亲虽然是一名匠人，但酷爱音乐。他擅长拉京胡，喜欢听京剧，《沙家浜》《红灯记》《平原作战》等其中的唱段信手拈来。京胡是一种诞生于清乾隆年间（1736—1796），在胡琴基础上改制而成的弦乐器，因主要用于京剧伴奏而得名，至今已有 200 余年的历史。相比于普通的二胡，京胡不仅琴杆短，琴筒也小，但声音刚劲嘹亮，是京剧管弦乐伴奏中的主要乐器。每当父亲拉起京胡时，我都会陶醉其中。看到我如此热爱，父亲也经常会和我讲述音乐基本知识和京胡的演奏技巧，父亲的引导无形之中也激发了我对音乐的热爱。

我小时候的梦想就是进入剧团，成为一名演唱家或者艺术表演者，但生在大山之中的我，由于家庭经济等原因，最终没能实现这个梦想。读书的时候，我的个头不高，长相也不出众，面黄肌瘦的，相貌也不符合文艺工作者选人的标准。记得小学五年级时，黟县文工团到学校选拔人才，选中的都是那些相貌出众的同学，其实，我的演唱水平并不比他们差。即便之后没能实现音乐上的抱负，但对于音乐我还是一如既往地热爱，有音乐陪伴的生活非常充实和幸福。现在雕刻之余，每天我会欣赏一些古典或民族音乐，不时地用电脑播放一些琵琶、二胡、笛子、古琴名曲。

古希腊哲学家柏拉图在他的《理想国》中写道："音乐比其他任何东西都要强烈，音乐的节奏感、和谐感能深入人的心灵。音乐可以丰富、照亮、涤荡我们的灵魂。"在我看来，音乐并不是一种消遣的工具，而是一门绚丽的艺术，它能够触动我们的灵魂。很多艺术都与音乐有着很强的联系，中国古时，诗、乐、舞紧密相连，音乐是诗歌、舞蹈的灵魂，中国书法也暗合着音乐的节奏，宋朝书家雷简夫因听嘉陵江的涛声而引发写字的灵感。他曾说："余偶昼卧，闻江涨暴声。想波涛翻翻，迅驶掀撞，高下蹙逐奔去之状，无物可寄其情，遽起作书，则心中只想尽在笔下矣！"西方学者曾把建筑比作"凝固的音乐"，贝多芬声称他在创作《英雄交响曲》的时候受到过巴黎建筑雕塑群的影响。另外，音乐与绘画也息息相关，德国作曲家舒曼说过："有教养的音乐家能够从拉斐尔的圣母像得到不少启发，同样在美术家的心目中，诗歌都成了国画，而音乐家则善于把图画用音乐体现出来。"

冥冥之中，我似乎注定了要与音乐结缘，这种缘分有来自家庭的熏陶，也有来自与生俱来的个人喜好。我偏爱中国传统音乐，而不太喜欢现在的流行音乐，中国传统经典音乐蕴含了中华文化的精髓和价值，承载着中华民族生存发展的历史记忆，凝聚着古代中国人的思想情感，这是流行音乐所不能比拟的。

稍感遗憾的是，我没有经过专业的音乐训练，如今的歌唱水平也已大不如前，但我一直没有放弃音乐。音乐是我最大的爱好，雕刻是我的职业，庆幸的是，我把这两者进行了完美的融合，不仅恢复了"余香石笛”制作技艺，还把音乐中的旋律融进了雕刻作品中。

雕刻是一首“无声的歌”，我常借助刻刀拨动内心的“琴弦”，让作品流露着弦外之音，为静止的物象赋予一曲难得的曼妙音色。我的每一件雕刻作品都努力体现一种音乐的柔美旋律和高古，在我的艺术世界里，我会在雕刻中感受音乐的流淌，在音乐里捕捉雕刻的气息。

因为音乐，我还参加过《中国梦想秀》节目。2012年，黄山市有关文化机构听闻我既会吹奏石笛，又会雕刻，就决定推荐我去参加《中国梦想秀》安徽赛区的选拔赛。一想到参加比赛可以让更多的人认识到“余香石笛”以及徽州雕刻，我就欣然答应了。

《中国梦想秀》是一档娱乐性节目，安徽分赛区的选拔赛地点在省城合肥。第一次去参加比赛时，除了石笛外，我还把石雕《西厢记》带到现场，向评委及观众进行了展示。比赛现场共有三位评委，当我吹奏完歌曲后，两位评委从坐席上站了起来为我鼓掌，其中一位评委评价道：“作为一位手艺人，你的石雕、石笛雕刻得如此精美，没想到曲子也吹得这么好！”第一次参加比赛的选手共有一百多人，由于成绩排位靠前，我有幸入围了第二轮比赛，第二轮比赛的地点依然设在合肥。第二次比赛现场，当我演奏完曲目之后，评委问我的梦想是什么？我回答说：“‘余香石笛’在清代作为贡品，大家对它知之甚少，让‘余香石笛’走进大众视野，甚至走出国门，走向世界，是我的梦想。”当我说完后，会场爆发了热烈的掌声。第二次比赛，我的最终名次还可以，第六名，但只有第一名才有资格去杭州参加《中国梦想秀》的正式比赛。

对于这两场比赛，我都格外重视并做了充分的准备。记得第一次参赛时，前一天凌晨2点多我就起床来到了宾馆的餐厅，一个人在漆黑的夜里演奏直到早晨7点。当我登台时，手指已练习得较为灵活，精神也放松了下来，虽然有点疲惫，但没有了紧张的情绪。这两次参赛都受到了黄山市文化部门的资助，当时在合肥读大学的儿子方斌还赶到了现场为我加油助威。

方如金正在练习书法

我的爱好比较广泛，除了音乐外，平时还喜欢看书，练习书法。书法是中华民族的文化瑰宝，学习书法能够愉悦人的精神、提升人的格调。另外，雕刻作品完工后手艺人往往还需要题字镌名，学习书法可以让我的字变得端庄、秀美。

多年来，我购买了许多有关雕塑的书籍，如《世界雕塑全集》《中国民间美术全集》《中国雕塑艺术》《西方当代雕塑》《徽州石雕》《徽州木雕》等。书籍是人类进步的阶梯，对我而言，这些专业书籍就是不断提升技艺的阶梯。除了这些雕塑书籍外，我还喜欢阅读古典文学名著，如《红楼梦》《西厢记》《三国演义》《山海经》等。历史人物、典故传说是我们民间手艺人经常涉及的雕刻题材，如果没有相关的知识积累，又怎么能够雕刻出好的作品呢？试想，如果对《红楼梦》不甚了解，那么雕刻出来的林黛玉、贾宝玉这些人物自然不会成功。读书不仅能够丰富我的知识，还能提高文化修养，同时又可以给予我创作上的灵感。如果没有一定的文化修养，艺人们雕刻出的作品往往摆脱不了“俗气”。我不仅经常阅读古典小说，还会阅读古诗词，对李白、杜甫这些伟大的诗人格外敬重。我喜欢李白的飘逸洒脱，更敬佩杜甫的忧国忧民，诵读他们的诗歌可以润泽我的心灵。近些年来，中央电视台热播的《中国诗词大会》节目我非常喜欢，从该节目中，我学习到了许多古典文化知识，更加深了对一些诗词名句的理解，例如北师大康震教授对王之涣名句“劝君更尽一杯酒，西出阳关无故人”的解读就让我印象深刻。康教授认为，“更尽一杯酒”场景发生之前两位友人已经把酒畅聊了一夜，临行前又劝远行人再饮一杯。这种解读鞭辟入里、引人入胜，让我们深深感受到了友人间浓浓的情谊。

二、我的代表作品

石雕是我的主业，但除了石雕之外，我还会经常雕刻木雕、砚雕、根雕，同时也尝试过牙雕、骨雕、竹雕等。近些年来，我的雕刻技法较之以前进步了许多，主要是得益于孜孜不倦的学习，一是不断师法古人，一是接受新的资讯，转益多师。如今，我对造型的塑造、人物神态的捕捉已经形成了自己的认识。

（一）石雕代表作

我是一位石雕艺人，拿起刻刀以来已经雕刻了不计其数的石雕作品，很多作品已被收藏者或被雕刻爱好者买走，还有不少作品摆放在工作坊中。

我的石雕作品涉及多种题材，包括历史故事、宗教人物、神话传说、徽州民俗等，代表作如立体雕《守望》《反弹琵琶》《魁星点斗》《钟馗》《丹凤朝阳》、浅浮雕《十八罗汉》《西厢记》《孔融让梨》、高浮雕《兰亭序》《红楼梦》《渔樵耕读》等，其中不少作品还获得过奖项。

工作坊部分石雕作品

石雕《钟馗》

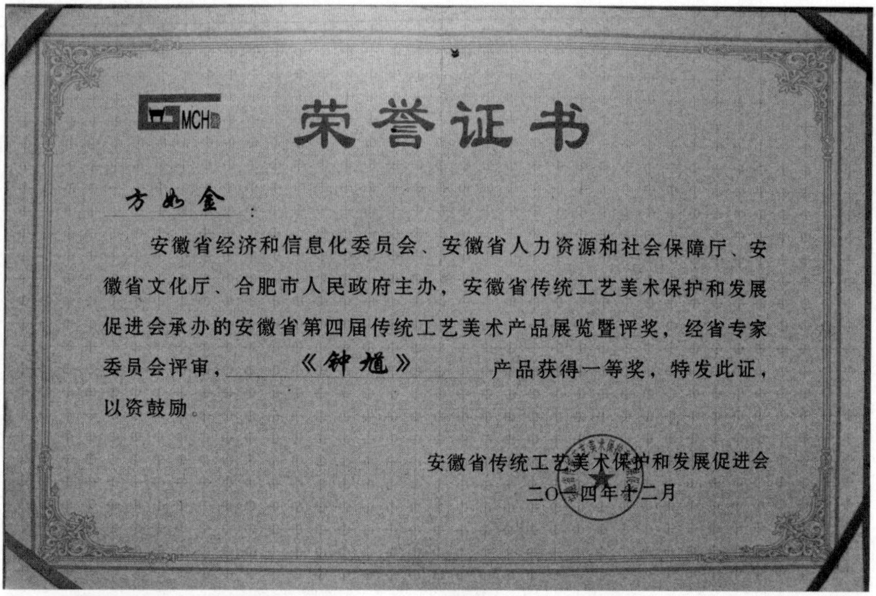

《钟馗》获奖证书

《守望》是一件以徽文化为题材的作品。自从应天齐创作了版画《徽州女人》，韩再芬又将其改编为黄梅戏舞台剧后，人们开始对徽州女人投以更多的关注目光。《徽州女人》系列版画以及舞台剧对我的触动很大，我的母亲和妻子都是徽州女人，作为土生土长的徽州人，我对徽州女人有着自己的认识。早年我外出打工，两个孩子主要依靠妻子、母亲抚养。无论是妻子还是母亲，对于我外出谋生她们的内心都是复杂矛盾的，一方面她们希望我能实现自己的理想，成就事业，但另一方面也希望我能常伴于她们左右。

外出经营是徽州家庭普遍的现象，在我们徽州，人们常说“前世不修，生在徽州；十三四岁，往外一丢”，古代的徽州男人们为了生存，十三四岁便不得不外出经商。明清时期，徽商成就卓著，称雄中国商

石雕《守望》

界四五百年。徽商的成功，除了自身努力外，与徽州女人也是密切相关的，正是有了徽州女人对家的坚守、对丈夫事业的全力支持，徽商才能在外安心闯荡，最终成就自己的事业，古人云“修身齐家治国平天下”，家庭安定是事业成功的基础。

《守望》这幅作品刻画的是徽州女人听闻熟悉的声音，迫不及待地开门迎接亲人回归的场景。在作品中，民居的大门还未完全打开，这位妻子便急切地踏出家门，张望着丈夫的身影。她的手不由自主地指向归来的道路，脸上不禁露出了笑容。在这位女性的背后，我雕刻了一叠鞋底和盛放针线的圆盘。鞋底包含着以下几层涵义：一是徽州男子外出，即使走遍天下，脚下穿的都是妻子做的鞋，鞋能够让他们时时感受到家的温暖；二是妻子给丈夫纳鞋底，希望他们能够一帆风顺、平步青云，寄托着对丈夫的祝福；三是由于丈夫外出闯荡，妻子独自在家，长夜漫漫，每当夜深人静之时，对亲人的思念无处排遣，只能通过纳鞋底消磨时光，排解愁绪。鞋底的边上是圆盘，之所以雕刻出一件圆盘，除了起到陪衬鞋底的作用外，也是徽州女人精神的一种象征。圆形造型象征着徽州女人内心的坚定和不悔，也象征着家庭的团结。在作品上，我雕刻了一首徽州楹联“读书好营商好效好便好”，这首楹联出自我们黟县民居，楹联的下句为“创业难守业难知难不难”。这是一副蕴含着深刻人生哲理的楹联，告诫着后人们对事业要持之以恒，不能骄傲自满。下一句我并没有雕刻出来，目的是让观众在心中念出，感受到这副楹联的深刻道理。徽州楹联是徽州文化的重要组成部分，与徽州三雕、徽墨、歙砚一样都是我们徽州的文化符号。

徽州女人是艰辛的。徽州，深处山峦之中，古时交通不便，环境闭塞，丈夫常年在外，很多徽商一旦外出便好几年、十几年才会返乡，甚至一走再也没有回来，女人们挑起了照顾老人和抚养孩子的重任，生活的艰难无法用言语诉说。虽然内心无比辛酸，但徽州女人给人的印象是坚贞不屈的。在这件作品中，徽州女人露出了发自内心的微笑，表现出了一种积极乐观的人生态度，我就是要用这种方式向观众传递一种正能量。

这幅作品以民居门框为背景，之所以如此安排，一是为了表达夫妻情深，二是对徽州民居现状提出反思。徽州女人平日较少出屋，一只脚急切踏出房门的场景突显了对丈夫的思念之情。门楼是古时徽州家庭的脸面，门楼在此指代着徽州的古民居。门楼左右边的断壁残垣给人以缺憾美，同时也折射着徽州传统民居的现状——正遭受着巨大的破坏。作品的主题是“守望”，这份守望既是徽州女人对丈夫回归、家庭团圆等亲情的守望，也是我们手艺人对徽州传统工艺复兴和非物质文化遗产传承的一种守望。这件作品是我参加黟县第二届职工职业技能大赛时现场所作，有幸获得了比赛的一等奖。

《反弹琵琶》取材于敦煌莫高窟 112 窟的《伎乐图》壁画图案。原图描绘的是一名伎乐天双手反弹着琵琶，在仙乐中举足旋身、载歌载舞的刹那间动势。原画中，伎乐天翩翩翻飞，衣服裙裾如游龙惊凤，劲健而舒展，迅疾而和谐，她把高超的弹奏技艺、绝妙的舞蹈本领优雅迷人地集中在这个舞姿上。“反弹琵琶”是大唐文化在历史上留下的经典符号。多年前，当我看到这落落大方、形如菩萨的伎乐时，就被她的悠闲雍容、摇曳生姿深深震撼了，心头不禁萌发出想用刻刀表现这一形象的冲动。

十多年前，我曾雕刻过一件《反弹琵琶》。近些年来，随着不断学习和努力，我的雕刻技艺较先前有了明显的提升。每当想到前些年我创作的这幅《反弹琵琶》，总觉得存在一些不足之处。为了弥补这种遗憾，同时也为了检验自己技艺的成熟程度以及探究黟县青石料的极限可塑度，2017 年，我决定重新雕刻《反弹琵琶》。这几年，我不再像先前那样为了生计四处奔波，生活较之以前安定了许多，现在已经有充足的时间静下心来创作这样高难度的作品。可以说，这一段时期是我挑战这种高难度作品的最佳时机。毫不夸张地说，在目前徽州石雕界，如此精致的立体雕刻黟县青作品还是极少的。该作品的材料为最上等的黟县青，如果我们用手指进行敲打，石头会发出清脆、响亮的声音，这种材料本身杂质很少，硬度也非常适中。这块石材是我从一位古董商那里收购而得，原存放于古民居的门楼上。一次，我去该古董商家中购买黟县青时，一眼便挑选出了这块质量上乘的石料。

雕刻开始前，在参照敦煌壁画原型的同时，我对人物的神态、动作进行了详细的考证。琵琶的反弹动作违反了常人的人体机理，现实中只有一些杂技、柔术的表演者才可以完成这种高难度动作。为此，我反复研究了杂技、柔术的表演动作，在雕刻过程中又对原型作了适当修改，比如，原型人物的左臂，我认为过高、过直，于是就略微下压了几分，增加了一点弯曲程度，力求符合人体骨骼肌理。

石雕《反弹琵琶》

这件作品共耗时三个多月，作品进行到后半段特别是镂空部分时，需要非常谨慎。说句实话，当时我心里也没有底气，大面积的镂空对技艺提出了极大的挑战，失之毫厘，谬以千里，此时哪怕一小块局部的损坏，都会造成无法弥补的损失，最终导致前功尽弃。如果出现意外情况，否定的不只是这一件作品，更是对我多年来雕刻技艺、知识水平的否定。不得不承认，在后半段雕刻过程中，我的内心是忐忑的。雕刻这件作品是对我雕刻能力、石料认知能力以及意志力的一次综合性考验。

黟县青石料并不昂贵，但依旧能够做出精美的作品。根据我的观察，目前在我们徽州地区，类似的镂空技法只出现在一些木雕作品中，像这样的石雕作品实属罕见。这件作品的难得之处体现在三个方面：一是黟县青材料上等、纯正，否则无法完成这极高难度的作品；二是原画作人物造型丰腴饱满、衣袂飘飘，雕刻造型基本达到了绘画的灵动飘逸和典雅妩媚的效果；三是镂空、浮雕技法精湛、成熟，线条写实明快、流畅飞动，展现出了伎乐的纤纤神韵。

石雕《魁星点斗》

《魁星点斗》取材于民间传说故事，相传魁星在古代是主宰文章兴衰的神。徽州自古文风昌盛，读书学习蔚然成风，“魁星点斗”也是传统徽派雕刻常见的题材。在雕刻完《反弹琵琶》后，我对黟县青的立体雕仍感到意犹未尽，不久后我就雕刻了这件作品。这件《魁星点斗》在雕刻手法上虽和《反弹琵琶》相似，但镂空面积稍小，人物姿势较为平稳，作品的难度较前者小了不少。这件作品大概花费了我两个月的时间。

关于“和合二仙”，中国民间有很多传说，一说“和合二仙”是唐代僧人寒山与拾得，出家前，两人同住一个村子，亲如兄弟。后来，他俩同时爱上一个女子，但互相不知道。当寒山得知拾得要和那个女子结婚时，便弃家来到苏州枫桥，削发为僧。拾得听说此事后，也舍女来到苏州，寻找寒山。见面时，拾得手握一朵盛开的荷花，寒山则持一盒斋饭，一荷一盒，意为“和（荷）谐合（盒）好”。两人重逢欣喜若狂，乐极而舞，这则传说是对朋友情谊的歌颂。我之所以把这件石雕取名为《和合二仙》，就是希望在日常生活中能够多结交到一些知心朋友。我不是生意人，只是一名手艺人，生意场上建立起来的利益关系让我反感，我希望身边多一些知音，可以与他们交流，互吐心声，谈艺论道。

《传承》是2015年创作的作品，题名《传承》指的就是非遗的传承、文化的传承。人物造型融合了古人与现代人的特征，大袖子、方锤子象征着古代人物，紧袖、布袖口、西装等是现代人服饰的代表。对我们手艺人来说，艺无止境，我们都追求技艺的完美，可也许永远都到达不了这种境界，人物造型只有半身，目的是为了提醒自己，我们手艺人在技艺上还有许多不足之处。抽象的脚则警示着我们，手艺人一定要脚踏实地，打好基础。这件作品的寓意为，随着时代的变迁，人们的服饰改变了，审美趣味改变了，但艺术的精神和手艺人对待艺术的态度不应该改变。手艺人应该秉持传统的工匠精神，传承好古代工匠的技艺。

石雕《和合二仙》

石雕《传承》

《琴棋书画》是模仿黟县长演岭村一副石雕门楼的高浮雕作品。我曾听一位徽州三雕传承人说，石雕门楼阴气重，徽州古人多不愿意采用石雕。这种说法实属荒谬，石头是地球的脊梁，中国自古爱石的文人雅士数不胜数，他们喜爱石头，收藏石头，甚至为石头发狂，如果石头阴气重，那么民居门前的诸多石狮子，屋内大量的柱础、石基等该作如何解释呢？石雕门楼工时长，费用极高，只有那些经济基础雄厚且文化品位较高的房屋主人才会选择石雕门楼。

这栋民居的主人现为苏新民，年纪比我稍长，酷爱诗词，为人谦逊、真诚。在我们黟县，民间流传着“三个石雕半门楼”的说法，意思是精致的石雕门楼只有三幅半。长演岭村居民以苏姓为主，苏氏祠堂门楼上曾雕有《百忍图》《观音送子》等图案，苏新民家原邻居的门楼也是石雕，上刻着山水美景，也是异常精致。由于长演岭村是苏氏的聚居地，祠堂门楼是苏姓宗族的集体财产，被算为一幅门楼，苏新民及隔壁人家的门楼因此加在一起只能算作半幅。无论如何，“三个石雕半门楼”中长演岭村就拥有了一幅半，这里的石雕艺术成就超过了西递、宏村。可惜的是，祠堂门楼在“文革”时受到了破坏，山水石雕门楼20世纪90年代也被人购买走了。

这栋民居应始建于明末清初，房屋内室具有典型的明式风格特征，该民居门楼为悬柱式，石材为上等的黟县青石料。门楼月梁上有四幅元宝墩，分别刻有四只神态各异、形象生动的仙鹤。门楼的一块玉部分雕刻着凤凰牡丹，古徽州门楼雕刻凤凰的情况并不多见，我推测苏新民祖上的女性在家中地位非常高，建房时的女主人应是大家闺秀。门楼两侧的挂落为卷草纹和祥云纹，垂花门上雕有一对幼小的公狮母狮，这对小狮子是我目前在徽州地域内见到过的雕得最好的石狮，十几年前就有古董商出价十几万想收购，主人并未同意。创作者刀法细腻、老辣，对狮子的形体结构把握得非常到位。公狮与母狮细节处，如面部的处理又不完全相同，如公狮子在眉宇处刻画了皱纹，让读者感受到了创作者的别具匠心。总体而言，这两只石狮栩栩如生、活灵活现。兜肚雕刻的是战争场景，我猜测主题有可能与杨家将有关，但不能十分确定。左右荷花柱上雕的是一对奔跑的麋鹿，仔细观看这两头鹿，动作和表情还存在一定的差异。门楼四周的图纹有卷草纹、回纹、祥云纹、缠枝纹等。

整个门楼最精彩的部分当属它的下坊，下坊石雕的主题为琴棋书画，典型的雅致生活场景。这件门楼无论是题材还是雕刻手法，都具有典型的徽州雕刻特征。下坊画面从左至右，分别为棋、画、书、琴，画面上的每位人物表情生动、神态传神。在“棋”的场景中，弈棋的老者对自己的棋艺非常有信心，面带微笑，抬头看着对方，似乎说道：

苏新民家石雕门楼

“年轻人，你先来吧。”而与老者对弈的年轻人微微弯着腰，情绪略显紧张，正思考着如何落子。老者身旁的孩童提着茶壶，背对着下棋的人，左手托着茶碗，仿佛调皮地说道：“爷爷，该喝茶了。”绘画场景中的四位文人，神情专注，最左边的欣赏者一边展开画卷，一边浏览画作，眼睛瞪得圆圆的，一副惊叹的表情，最上面的那位同伴已被画作内容所吸引，正聚精会神地欣赏着，嘴里似乎啧啧称赞“好画！好画！”在“书”的场景中，右边的那位书生捧着书本，朗诵着诗词，中间的那位文人衣衫整洁，正在宣纸上奋笔疾书，而左边的同伴此时静静地看着他书写；在“琴”的场景中，中间的抚琴者悠然自得地弹奏着乐曲，身旁的长者、年轻人、孩童陶醉在悠长的琴声里，露出了愉悦的神情，右边的听琴人还做出了洗耳恭听的夸张动作。整件作品的人物设置与琴棋书画场景十分吻合，人物举手投足间尽显出内在性格特征与文人雅兴。雕刻者善于捕捉人物的瞬间动作，达到了和而不同的艺术效果，比如同样是坐立的人物，但每个人物坐立时的状态并不雷同，有的跷起腿，有的前倾着身躯，而有的则挺着腰杆。

这幅下坊在有限的空间里共雕刻出22位不同的人物，人物虽然众多，但整个场景密而不乱、繁而不杂，画面呈横S状布局，各位置安排错落有致，给人极其自然的空间感。画面人物神情饱满，动作自然，神态恬静端庄、惟妙惟肖，衣衫潇洒飘逸。雕刻者刀法干练，技艺娴熟，书卷、桌椅、房屋等细节处刻画得一丝不苟，让人拍案称奇。整幅作品无论是宏观布局，还是微观细节均无可挑剔，堪称徽州三雕中的极品。

20世纪80年代末，我在创作石雕狮子过程中遇到了困惑，一次偶然的机会听友人说长演岭村有一幅精美的石雕门楼，上面刻有精致的石狮，便慕名来到这里，也从那时开始结识了房屋主人苏新民大哥。当我第一眼看到这幅门楼时，就被这精湛的技艺深深折服。第一次来

方如金石雕《琴棋书画》

时，我在门楼前驻足了许久，回家后意犹未尽，不久又与好友洪向长再次前往，洪向长擅长绘画，喜爱民间艺术。这一次，我们借用了梯子近距离观赏，洪向长还爬上梯子把石狮用笔描绘了下来。回到家后，我们对照着画稿用泥塑模仿出石狮造型，但效果不够理想。没过多久，我又重返长演岭村，这一次我带来了黟县青石料和雕刻工具，一边观察，一边临摹，在苏大哥家一住就是十几天。

这幅门楼让我百看不厌，每次前去观赏，我都会有不同的收获，特别是“琴棋书画”的雕刻让我膜拜不已，心底一直存有仿制一件的想法，但一开始信心不足，总感技艺欠缺火候。多年后，随着水平的不断提高，我感到时机已经成熟，终于在2009年完成了心愿。这件仿制作品在图案花纹处虽没有原作雕得那般细致，但人物神态深得其精髓。另外，我对人物的表情作了些夸张处理，同时借用了现代美术的透视技法。总的说来，这件作品还是令我比较满意的。

石雕《琴棋书画》原作

《兰亭序》《红楼梦》等均是高浮雕作品。魏晋时期的文人雅士风度让我格外欣赏，《兰亭序》就是再现“兰亭集会”场景的一幅作品；《钟馗戏鬼》《刘海戏金蟾》等取材于民间故事。在徽州，“跳钟馗”民俗活动一直保留到今天，“刘海戏金蟾”在徽州古民居木

石雕《兰亭序》

雕中较为常见，但石雕却很稀少，我就尝试着用石雕把它表现出来；《西厢记》《红楼梦》等均取材于中国古典文学，我非常喜爱文学作品，当看到插画中的这些图案后，心中常常有将其雕刻出来的一种冲动。

石雕《红楼梦》

浅浮雕《三顾茅庐》取材于小说《三国演义》。这幅作品首先汲取了中国绘画的空间处理方式，通过近景、中景和远景表现出画面的空间距离，近景为刘关张三人、书童以及小桥、松树等，中景为诸葛亮的房舍等，而远景则为远处的山峦、云彩等，近景以写实为主，中

石雕《三顾茅庐》

景虚实相间，而远景则相对写意。

与传统的徽州三雕不同，这件作品借鉴了影雕的手法。影雕是闽南传统手工雕刻常用的一种技法，即根据黑白明暗成像原理，通过画面针点的粗细、虚实、疏密表现出物体立体感的一种手法。如今，影雕已广泛运用于山水花鸟、肖像写真等的描绘和雕刻上。在这件作品中，对于远景山峦、云彩的刻画，我就使用了影雕的处理方式，加上了很多针点，不但把山峦隔开，还与近景的光滑形成了对比，从而拉开了空间距离。除此之外，在刻画山石时，我采用了明暗对比法，雕刻出了山石的斜面坡度，当光线照射其上时，立体感就会充分体现出来。整个作品的画面如水墨画一般，具有很强的立体效果。

“孔融让梨”是中国民间千百年来流传的一则民间故事，《三字经》中曾说到“融四岁，能让梨”，“孔融让梨”故事有很强的教育意义，雕刻“孔融让梨”与徽州传统雕刻注重教化的主旨是吻合的。在浅浮雕《孔融让梨》作品中，我运用了绘画的透视法，注重企位的

石雕《孔融让梨》

刻画，较好地处理了浅浮雕的块面转折关系，作品的立体效果因此得到了比较好的表达。

现在很多人在雕刻作品时一味地追求层次，认为层次越多，立体感就会越强，甚至很多人鼓吹自己的作品达到了十几个层次。其实，这种观点是错误的，古代徽州工匠从未把作品的层次作为终极目标来追求，一件作品如果立体效果不足，层次再多也于事无补。雕刻好比写文章，文章追求的是思想深远、意境优美以及词句典雅，而不是多少个段落，段落的安排最终要服务于文章的中心思想。浅浮雕、高浮雕作品主要通过透视、明暗对比、虚实性等来表现立体效果，而并非一味地把材料挖深、凿空。如果没有明白这些道理，再多层次的作品也不具备很好的艺术效果，因为雕刻的空间感从来都不是单纯地依靠层次来实现。徽州传统雕刻不依赖于今天一些人所强调的层次，西方雕塑同样如此。西方雕刻讲究透视法则，雕刻物体的大小非常合理，层次不多，但纵深感非常强。

一直以来，也有一些人邀请我雕琢建筑物装饰，屯溪、休宁等地的一些广场、民居留下过我的作品，武汉长春观内许多石雕也是出自我之手。长春观为道教圣地，坐落于武昌大东门东北角，人称“江南一大福地”，现已被武汉市列为一级文物保护单位。2002 年，长春观进行了局部修复，当地相关部门对修复工作格外重视，当工程进行了一段时间后，工程的负责人对之前请来的福建工匠技艺不太满意，经过多方打听后，他们找到了我，并让我来完成王母殿前的石雕工作，我也没有让他们失望，很好地完成了他们交给的任务。对于工程类石雕的承接，我一直采取非常谨慎的态度。现在的徽州建筑构件制作较为粗糙，不像过去那样注重故事情节和讲究雕刻技艺，我不太愿意把大量的时间和精力投入这样的工作中。对于工程类石雕，我现在已经很少制作了。

（二）根雕代表作

虽然我主攻的方向是石雕，但也经常会尝试其他类型的雕刻，其中尤以根雕、砚雕作品为多。多年来，我也雕刻了几件让自己较为满意的根雕作品，如《悟道》《杜甫》《到底人间欢乐多》《守护者》《指日可待》等。这些作品充分表达了创作时的思想感情和对人生的理解，传递了我对生活的独特感悟。

作品《悟道》雕刻了一位半睡不睡的罗汉。当我一看到这件材料底部有一处凸起部分后，当时灵感乍现就想到了佛教里的顿悟，于是把隆起处雕刻成了罗汉的头。这幅作品刻画了罗汉悟道之后，焕然一新、脱胎换骨的状态，表达了人在顿悟前和顿悟后的两种境界，反映着修身悟道、明心见性对于改变人生境况的重要性，一些学者和大学教授看了之后对作品的立意纷纷表达了赞赏。修身悟道可以让我们陶冶情操、品味人生、发现真谛，最终达到人格上的澡雪升华和精神世界的富足安定。在如今这个物欲横流的社会中，修身悟道显得格外重要和宝贵，古人曾说“修身悟道鉴华糟，前承后照；著书立言当休闲，颐养天年”，修身悟道的确是一种难得的生活智慧。

作品《杜甫》雕刻了我国伟大诗人杜甫的晚年形象。当我拿到这件根材经过仔细揣摩后发现，根状适合雕刻成人物，而材质纹路与古代破旧的长袍又十分吻合，我灵机一动，就将其刻画成了晚年落魄情状的杜甫形象。作品人物除头部并没有过多雕刻，只是用了流利的线条进行表达。这件根雕形态并不齐整，给人以破损的感觉，这恰恰符合杜甫暮年穷困潦倒的境遇。杜甫抿着嘴，嘴角朝下，嘴巴走势呈一定弧度，线条富有变化，不是一条线的呈现，很符合老年人的神态。人物造型虽然很消瘦，但眼睛炯炯有神，精神矍铄。在《杜甫》雕刻过程中，我只用刻刀对材料进行了整理，尊重了根料的自然形状。杜

根雕《杜甫》

甫的衣服虽然破旧，但衣褶纹理顺畅，有着潇洒的感觉。我认为杜甫内心是潇洒的，虽然这份潇洒比不上李白，但内心坦荡荡，是另外一种潇洒。

杜甫是我非常敬佩的历史人物，他在《登高》中曾进行了自我描述："万里悲秋常作客，百年多病独登台。艰难苦恨繁霜鬓，潦倒新停浊酒杯。"在旅居四川成都草堂期间，他创作了经典诗歌《茅屋为秋风所破歌》，叙述着茅屋被秋风所破以致全家遭雨淋的痛苦经历："床头屋漏无干处，雨脚如麻未断绝。"晚年的杜甫年老体衰，既不能回归朝廷实现匡君济世的政治理想，又不能落叶归根享受天伦之乐，心中一直弥漫着一种漂泊感、孤独感、萧瑟感和沧桑感。杜甫经常满腹愁绪，但愁的不是个人得失，而是黎民百姓和天下苍生，即使再穷困，他的心中一直把百姓利益放在首位，"安得广厦千万间，大庇天下寒士俱欢颜”是他的真正心声，“何时眼前突兀见此屋，吾庐独破受冻死亦足”，这种博大的胸怀多么让人敬佩！杜甫是后代人学习的榜样，他身上的精神一直震撼着我的内心，我也一直在寻找契机，想用自己的方式向这位伟大的诗人表达敬意。别林斯基曾说：“任何一个诗人也不能由于他自己和靠描写他自己而显得伟大，不论是描写他本身的痛苦，或者描写他本身的幸福。任何伟大诗人之所以伟大，是因为他们的痛苦和幸福的根子深深地伸进了社会和历史的土壤里，因为他是社会、时代、人类的器官和代表。”

对于饱经沧桑和满腹愁肠杜甫形象的塑造也正表达着我当下的忧愁心境。虽然我不能和这位伟大的诗人相提并论，但作为一名手艺人，我也有强烈的文化责任感和使命感，我忧的是徽雕这项非遗技艺的传承现状和未来的前景，愁的是民间艺术的继承与弘扬！从这一点来说，我与杜甫的心绪是相通的。

杜甫和李白是我国诗歌史上最耀眼的两颗“明珠”，在完成《杜甫》作品之后，我的内心又萌发了雕刻《李白》的念头，因为一直没有遇见合适的根材，只好用木雕进行创作。酒和明月是李白笔下离不开的内容，这位伟大的诗人写下了“却下水晶帘，玲珑望秋月”“小时不识月，呼作白玉盘”“人生得意须尽欢，莫使金樽空对月”“古来圣贤皆寂寞，唯有饮者留其名”等脍炙人口的诗句。李白豪气纵横，狂放不羁，傲视权贵，这种无拘无束的风度，潇洒逍遥的心理，笑傲人生的态度，让我十分欣赏，这件作品描绘的正是李白“举杯邀明月”的豪放状态。

《杜甫》和《李白》这两件作品都呈现了一种强烈的动势，特别是根雕《杜甫》随形而刻，虽给人以沧桑之感，却不乏灵动飘逸，彰显了诗人的心怀坦荡和兰心傲骨。我觉得，不论每个人的境况如何，即使身处困境，都不能也不应失去内心的傲骨。古人云：“傲骨不可无，

根雕《李白》

傲心不可有。”[①]对于一名手艺人来说，傲骨是对艺术精神的尊重，是对艺术道德的坚守。虽然我的经济收入一般，但有着一股倔强的精神。手艺人如果能够坚持自己的理想，坚持真情实感的创作理念，终究有一天会取得不凡的成就，作品也会得到社会的认可。

在根雕创作上，我遵守着意象造型的理念，不会牵强附会地去雕琢，只会根据树根自然的形态加以修饰，这就是一种艺术上的随缘。雕刻《李白》《杜甫》两件作品，我的出发点并不是要出售，而是源于一种内在情感的冲动。

《到底人间欢乐多》是一件以牛郎、织女为题材的根雕作品。作品的底部雕刻了一把扇子，上面刻画了一位仙女。仙女的裙摆很长，有点像假山，伞表达了仙女对人间的眷恋。在我的情感世界里，七仙女是存在的，世间牛郎、织女的真挚爱情故事也是存在的，这件作品正表达着对美好爱情的歌颂。

作品《守护者》中树根的形状特别像一片树叶。根的底部有两处凸起的疙瘩，其中一处疙瘩造型非常像一只青蛙，另外一处像一只小昆虫。我就因形刻画了两只小动物，树叶就成了这两只动物的守护者。这件作品在完工后不久就被一位雕刻爱好者买走了。

作品《指日可待》是在最大限度地尊重根材原生状态基础上雕刻出的一个龙头造型。材料中下部有处小疙瘩，我把它刻成了小型龙头，中上部又有一处结疤，为了避免重复，我刻成了一位人物。在下刀之前，我发现树的纹理像法师的袈裟，于是把人物刻成了罗汉。身披袈裟的这位罗汉面带微笑，饱含深情，手指朝天，充分展现了一种大无畏的佛法精神。如果根材不符合罗汉的衣纹和身段而强制要雕成罗汉造型，作品就会显得不伦不类。《指日可待》这件根雕，动感强烈，沉稳大气，

---

① [清] 张潮《幽梦影》：“傲骨不可无，傲心不可有。无傲骨则近于鄙夫，有傲心不得为君子。”

根雕《指日可待》

妙趣天成，寓意深远。作品包含了大小两个画面，大的画面为龙头形状，局部画面为罗汉手指朝天，寓意着鱼跃龙门指日可待！这件作品也充分传达了我的人生理想：只要不断努力、积极探索，人生抱负和艺术理想的实现指日可待！

《知音》是一件融合石雕与根雕的创意之作，也可以说是融合音乐与雕刻之作。背景的根型是高山与流水造型，寓意“穿越时光隧道，追忆高山流水”，山腰间坐着一位樵夫，这位樵夫衣服上打着补丁，手中握着旱烟杆，正回头凝望着远处的一架古琴（石头雕刻而成）。这件作品的主题虽是“高山流水”，但并未再现伯牙与钟子期的故事，而是创作出了一个全新的场景，樵夫就是我自己的化身。孩提时候，我穿着草鞋上山砍柴、放羊种地的经历至今也没有忘记，我想用雕刻的方式追忆自己的孩童生活。我是这件作品的创作者，也是作品里的樵夫和抚琴者，樵夫在寻找知音，现实生活中的我也在苦苦寻找着知音。如果能找到一位理解我的艺术思想，懂得我的作品的人，我想我会非常高兴的。很多人看了这件作品后，都表达了购买的欲望，但我一直都没有舍得把它卖出。作为一名雕刻手艺人，我从小就酷爱音乐，喜爱音乐的柔美旋律和高古格调，在做这件根雕的时候，我揉进了对音乐的独特理解，让作品充分展现出了一种音乐之美。不论是做根雕还是做石雕、木雕，我一直都尝试着将音乐的节奏融入其中，同时也会赋予作品一种弦外之音。

（三）歙砚代表作

20 世纪 90 年代中期，我曾在黟县工艺厂工作过一段时间。从那时起，我便开始涉足歙砚制作，直到现在，我还会偶尔做一些歙砚作品。徽州砚雕界我有不少好友，闲暇时大家也会在一起探讨歙砚艺术。在工艺厂工作期间，我的工作重点是雕刻随形砚。雕刻中规中矩的砚石，并不困难，技术娴熟的工匠按照标准化的图纸都可以完成，而随形砚的制作则考验着雕刻者的想象力和文化素养。砚石里的金星、眉纹等纹路可以激发人的想象力，调动内在的创作情感，这一点和标准造型的石雕是有区别的，换句话说，砚雕有石雕无法比拟的优势。歙砚的原材料歙砚石也叫龙尾石，产自古徽州的婺源，我每次到婺源江湾镇大畈村时，当地的一些砚雕好友们都会赠送我一些小的砚料，我也会根据这些材料的特点雕刻出合适的作品。

《牛郎织女》《渔翁》《癞头和尚》《徽州》等是我的歙砚代表作。一次，我在审视砚石上的金星带时，灵感乍现，觉得这个色彩绚丽的金星带像一条银河，随后便刻画出了《牛郎织女》。人物织女位于画面的顶端，采用了写意手法，重点突出了织女的纤细与柔媚，牛郎则放置于底部，采用的是写实手法，表现了牛郎勤恳与朴实的性格特征，整个作品的画面充满着浪漫色彩。牛郎其实也是我自身的写照。孩提时，我几乎每天都会捧着书骑在牛背上，牛背上的岁月成了我终生抹不去的记忆，这件作品也表达着我青少年时对未来生活的憧憬以及对美好明天的向往。

我曾经雕刻过《红楼梦》系列的石雕作品。由于受材质的制约，石雕不能完全表达我的情感，随后，我又雕刻了以《红楼梦》为主题的砚台——《癞头和尚》。在《红楼梦》中，我不仅喜爱贾宝玉、林黛玉，也很喜欢癞头和尚与跛足道人。这块砚石原料不规则，给人以摇摇欲坠之感，一开始我也不知道该雕什么主题，当完成了大型石雕《红楼梦》后，我感到意犹未尽，这时又重新审视这块石料，发现其形状适合雕成癞头和尚，于是花费了两天时间做好了这件作品。石料外形像一座高耸的大山，我把癞头和尚雕刻于石材的左下角，从布局上纠正了不稳的错觉，又把人物大小控制在一定范围之内，特意突出

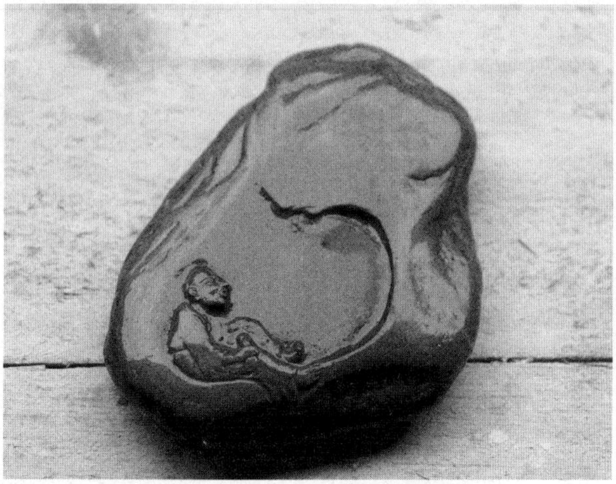

歙砚《癞头和尚》

了山的高耸。《红楼梦》中的《好了歌》发人深省，我把其中的诗词“世人都晓神仙好，惟有功名忘不了！古今将相在何方？荒冢一堆草没了”书写在了砚台的顶部。

在作品《渔翁》中，我把砚堂设计成为了一个鱼篓，同时又与渔翁的胸膛合二为一。画面中，饱经沧桑的渔翁手持鱼篓，目光如炬，眼睛里透露着一种期盼，这是一种对捕鱼的期盼，也是一种对美好生活的期盼。鱼篓中的鱼儿欢快愉悦、活蹦乱跳，整个作品流露着一种浓浓的生活气息。在我的雕刻作品中，不仅有才子佳人、帝王将相的故事，还包括很多像渔翁这样描写民俗生活的题材。

我的砚台作品以小件为主，主要供购买者把玩。之所以雕刻小件砚台，一则因为小砚石的上乘原料还有不少，而精良的大型砚石料现已十分稀缺；二则现在砚台的功能已从传统的实用性转变为了

歙砚《渔翁》

观赏性，它的观赏价值和收藏价值远远超过了实用价值，小件砚台更适合大家观赏。

历史上，文人墨客在书画过程中用砚台研墨，砚台是必不可少的文房用具。文人在选择石砚时，首先看重它的实用功能，多喜欢选择石质细滑、发墨较快且砚面较大、砚心较深的砚台。书画创作完毕之后，还要将砚台清洗干净，清洗的时候一定要小心翼翼，避免划伤石面。砚台存放时，需要避光，防止太阳直射，古人对砚台的保养十分讲究。到了今天，成品墨被大家广泛运用，砚台的收藏价值和礼品价值越来越被人们所看重。成品墨有它的益处，如携带便捷，使用起来也较为方便，墨汁不易干涸等。古代文人书画时的研墨过程也是构思和思考的过程，研墨过程能让书画者提早进入创作状态，而现在书家、画家的创作大多省略了这个环节，歙砚作品的表现力因此受到了一定程度的影响。

我的主攻方向是徽州三雕，砚雕、根雕并不是我的主业。徽州地区砚雕艺人众多，喜欢砚台的人大多只会到屯溪老街、歙县、婺源等地购买，这些地方已经被大家所熟知，很少有人会来黟县购买歙砚，在黟县，雕刻砚台也基本没有销路。虽然雕刻歙砚纯属兴趣所驱，但我还是非常喜欢，那些纹理独特、体貌各异的砚石能够激发我的创作灵感，我会根据它们天然的形状设计出不同的作品，并将自己的思想和情感融入其中，刻砚时的体验与石雕有着明显的不同。

方如金向笔者展示歙砚作品

除了石雕、根雕、砚雕之外，我还尝试过其他类型材料的雕刻，如砖、黄蜡石、汉白玉、动物骨头、泡沫等，这些雕刻品也都得到了买家和业内同行朋友的认可。不同种类的雕刻在原理上是相通的，但在实际过程中还是存在着许多差异，手艺人应该在广博中追求精深，不断尝试新的材料能够开拓我们的视野，提升我们的技艺。

砖雕《刘姥姥进大观园》

汉白玉雕刻作品

中国民间传统雕刻之间无不相通，如果能够在不同的雕刻类型之间进行大胆的涉足和尝试，并充分汲取它们的营养，将各种技法融会贯通，可以增长艺人的见识，最终达到提高手艺的目的。让我感触最深的是，年轻时的我因从事过木雕修复，在之后石雕的创作中不自觉地就借鉴了木雕的一些技法，这一点在人物的开脸上体现得尤为明显。很多石雕艺人开脸时多从眼睛、鼻子等局部入手，而我则从整体着眼，以面留形，类似于现代素描的处理方法，另在具体雕刻额头、鼻子等细节时，我会采用切、铲的方法，这些都是从木雕技法借鉴而来的。很多同行曾称赞说我的石雕作品有着木雕的细腻感，而木雕作品又流露出石雕的硬朗之气。不同类型雕刻之间应该相互借鉴，取长补短，绘画艺术也莫不如此。20世纪，随着西方文化的不断渗入，前辈绘画大师黄宾虹、徐悲鸿等人无不在立足本民族绘画语境的同时吸收了西方绘画的语言和理念，从而开创了自己的绘画风格，使得中国画焕发了勃勃生机。徽州籍画家黄宾虹就说过："现在我们应该自己站起来，发扬我们民族的精神，向世界伸开臂膀，准备和任何来者握手。"

一直以来，我的作品都没有固定的销售渠道，买家主要是一些老顾客，还有部分游客，买家人群相当广泛，包括企业家、公务员、学校教师、业内同行等，他们来自全国各地，购买我的作品大多出于收藏目的。多年来，我与一些买家结成了好朋友。记得2000年，武汉一位企业家骑着自行车在黟县游览，当骑到我的工作坊时我正在吹奏石笛。他听闻笛声后，便停了下来，与我交谈了许久，还买下我的两件石雕作品。我俩一见如故，相谈甚欢，临走前，他还留下了联系方式，我们也成为要好的朋友。之后他每次出差来到黄山，都会特地抽空来看望我。记得有一次，他在黄山购买了一件砖雕作品让我鉴定。通过敲声辨音后，我告诉他这并不是徽州砖雕，而是瓷土制品，后来他出差到了江西把该作品拿到景德镇让专家鉴定，结果果然如我所说。

我的每一件作品都倾注了浓郁的思想情感，在雕刻每一件作品时，我都会认真对待，尽最大能力去完成。这些作品在我眼里都是有生命的，每当有买家把它们买走时，我都会出门相送，就像送别一位远行的故人，心里充满了不舍。

三、作品的艺术特征

艺术是生活的反映。我的作品主题丰富多彩，既有传统的徽州文化内容，又有反映现实问题的题材。多年来，我一直用我的刻刀记录着时代的脉搏，抒发着内心的情感，表达着对生活的真实体验，也向大家展示着徽州独具魅力的文化。

传统徽州三雕的内容涉及德育教化、图案纹样、历史故事、民俗生活等多方面，无论哪种题材，自始至终都传递着一股正能量，体现着徽州人积极向上的生活态度。我的作品从本质上继承了传统徽雕的这种文化精神，在汲取传统题材内容的同时又关注了当代现实问题，从内容上进行了拓展。

相比于花鸟虫鱼、飞禽走兽，我更喜欢雕刻人物。人物雕刻不仅最能直接显现艺人的技艺水平，还能更好地表达出创作情感。在众多人物中，我又十分偏爱佛像。1996 年，从北京进修回来后，我对自己的雕刻生涯及未来前景感到了迷茫和困惑，很长一段时间都无法安心地投入工作中。此时，有位朋友劝我不妨试试佛像雕刻，他说："雕刻宗教人物能够净化人的内心，抚平内在的焦虑情绪。"事实的确如此，在佛像雕刻时，艺人自始至终都要保持一种平静的心态。每一次雕刻，我的心灵都会超越世俗的羁绊，得到浸润和净化，在此过程中，现实生活的许多烦恼被遗忘，内心趋于平静与安宁。面对这样的题材，我的内心没有理由不会安静下来。从此之后，我的身上少了份浮躁，多了份淡定，也是从那时起，佛像雕刻一直没有停歇过。

为了做好佛像雕刻，我从书本上、报纸上搜集了大量资料，并对其细心揣摩、认真学习。在北京进修时，我从书店购买了《世界雕塑全集》一书，这本书让我受益匪浅，中国著名的佛像雕塑如龙门石窟、云冈石窟等均收录在其中，不仅让我熟悉了佛像的基本造型，还开阔了我的眼界，了解到了古印度、古埃及、日本等一些国外雕塑的风格。后来，我在西递开店时结识了许多高校美术教师，他们又陆续赠送给我不少相关书籍甚至雕塑课上的笔记，特别是中国美院的孙恒俊、王方雄两位教授，他们不仅向我推荐了许多经典的雕塑书籍，还指出了我作品中存在的问题，王方雄教授曾鼓励我要大量临摹，在临摹中做到融会贯通。通过不断学习，我的佛像雕刻技艺日益成熟。

菩萨是我雕刻最多的佛像人物。中国菩萨的造型透露着女性的怜悯和母爱的仁慈，散发着真、善、美的魅力。对我来说，雕刻菩萨不仅是对美的执着追求，还饱含着对母亲的思念。在雕刻的世界里，菩萨不同于一般的女性，她有着少女般的身段和母亲般的慈祥，很多人并没有注意这一典型特征，而把菩萨刻画得过于美女化，端庄慈爱的特征没有表现出来。传统美女的特征是“尖下颏儿瓜子脸，柳叶弯眉杏核眼，樱桃小口一点点”，而菩萨则是“脸颊丰腴，眉目清秀”，与美女相比，丰而不腻、娴雅大方。

手艺人应该具有人文情怀和社会责任感，这些佛像的创作不仅能使自己，也能使观赏者的心灵得到净化。我反对把艺术当成纯粹追逐利益的摇钱树。

在雕刻技法上，我并没有受到传统徽雕的限制，而是尝试着把传统与现代进行融合，在坚持徽州传统雕刻技法的基础上，吸收了现代艺术观念和表现手法，如西方绘画中的透视原理、现代雕塑块面感及肌肉解剖学等相关知识。传统的徽州三雕精美绝伦，有着很高的成就，值得我们深入学习，但这并不代表完美无缺。徽州的一些老手艺人对深、浅浮雕雕刻要领掌握得并不到位，人物处理上没有随着隆起的厚度变化而相应地调整好块面距离，有些浅浮雕人物身体达到了深浮雕的程度，而头颅、脸庞的刻画依旧维持着浅浮雕的状态。还有一些作品在人物的块面转化处理上显得机械刻板，块面更替表现得突兀、不自然，这一点尤其在徽州砖雕上体现得非常明显，木雕则处理得相对较好。在浅浮雕上，徽州三雕擅长博古器具、山川风景的雕琢，人物表现似乎略显不足，很多时候立体感较为欠缺。我在做浅浮雕时就揉进了西方美术的透视原理，借鉴了钱币上人物的处理手法，某种程度上改进了传统的徽雕，著名砚雕艺人方建成曾评价我的浅浮雕技艺是徽州一流的水平。另外，还有不少作品如《渔樵耕读》彰显了人物的肌肉感，突出了身体的骨骼肌理，这也是从西方美术中学习而得的。

西方的一些美术理论非常值得我们借鉴和学习。在人体比例中，西方美术认为人物站立时身长约为 7 个半头长，具体比例为：上肢为

石雕《渔樵耕读》

3 个头长，脸部到胸大肌为 1 个头长，胸大肌到肚脐眼为 1 个头长，肚脐眼到大腿大转子部位又是 1 个头长；下肢为 3 个半头长，大转子到膝关节约 1 个半头长，足底到膝关节约 2 个头长。此外，手大约是 2/3 脸的长度，而中指长度又与手掌相近，这些总结都具有一定的合理性，在创作上给了我很大的帮助。

人体解剖学对于雕刻也有着重要的启发意义，解剖学清晰地告诉了我们人体结构，如人物额头由额骨、额结节等组成，人体肌肉按照位置可以分为胸肌、腹肌、腰肌等，人体背部包括斜方肌、二头肌、肱二头肌等。如果我们对人体浅层主要肌肉群的位置和功能不太熟悉的话，在雕刻中根本处理不好人体结构的层面关系。

第六章

我的理想与徽州石雕的未来

一、我的理想

我是个雕刻手艺人，并不是生意人，把石雕产业做大、做强并不是我的初衷，我的理想就是能和三五知己一起做好徽雕技艺的传承，推动徽雕艺术的发展，甚至超过古人的技艺水平。我希望自己一直能够安静地进行雕刻创作，闲暇时也能在工作坊与挚友品茶饮酒、谈艺论道。

在从艺的道路上，我结交了很多挚友，砖雕艺人方新中就是其中一位。方新中，安徽歙县人，1949 年生，年纪长我 9 岁，现为徽州三雕（砖雕）国家级非物质文化遗产代表性传承人。我们相识于 2010 年的上海世博会，在手艺上我们有很多相似的看法和见解。在世博会返乡的途中，我俩把酒言欢、互诉衷肠，从人生经历到雕刻心得，再到未来的工艺发展道路，我们无所不谈。回来之后，我们又陆续在一起交流了好几次。我俩非常投缘，我也非常敬重他。

方新中是一名手艺人，刻刀也是他每天形影不离的“伙伴”，即使现在年逾 70，依旧每天刀不离手。他的砖雕技法成熟，特别是刀下的山水景物颇得古风雅韵。方新中一直在用心创作砖雕并希望自己的作品能够流传后世，从他的一言一行中，我可以感受到这位老艺人对手艺执着的追求精神，他在用自己的方式表达着对徽州文化的理解和感悟。作为老一辈的徽州雕刻艺术家，他的艺术精神和对事业的态度值得大家学习。

艺术工作者必须具备多种素质，如毅力、感悟力、审美能力等，只要创作出好的作品，就一定能够实现自我价值，也最终会得到社会的认可。我的工作坊虽然不在闹市，也远离宏村、西递景区，但经常会有朋友前来，包括挚友、游客等，还有一些砚雕、砖雕、根雕的手艺人。尊重朋友、热情待客是我的待人之道，我很喜欢与他人谈艺论道，遇到较为投缘的人，我以茶酒会友，“但使主人能醉客，不知何处是他乡”，相谈甚欢时，我往往会通过吹奏石笛的方式来助兴。

方如金吹奏石笛

在从艺的道路上，我遇到过无数的困难，但自始至终都没有想过放弃。选择手艺，我无怨无悔，我是真的热爱雕刻，至于手艺能到达何种水平并没有想过，只管尽力就好。记得在修复古徽雕的那段时期，虽然生活上较为拮据，但对待这份工作，我一如既往保持着一丝不苟的态度。为了做好修复工作，我走遍了黟县的大街小巷，拜访过许多雕刻前辈，也翻阅过大量的文献资料，经常会因为某个问题而绞尽脑汁，甚至一整夜不能合眼。

这么多年来，雕刻给我带来了无穷的乐趣。月落鸡鸣时，我在为罗汉着衣；月上柳梢时，我在替侍女梳头。我喜欢这种生活。现在的工作坊虽处于通往黟县的主干道上，但也非常安静，我常常会陶醉于竹林小溪的鸭鸣声，这是多么好的创作环境！闹市虽好，但不是艺术创作最佳的地点。20 世纪 90 年代，我曾在西递开过店铺，每天都会有写生的学生和游客进店与我交谈，频繁的交谈严重挤压了雕刻时间，使得我无法安心进行创作。

在如今的工作坊里，我已经待了许多年，条件确实比较艰苦，基本上可以说是露天工作。数九寒冬日，我在工作台前用身体抵抗寒风的侵袭；刮风下雨时，我在昏暗的灯光下用刻刀诉说着内心的情感。平日里，偶尔有一两个徒弟前来学习、交流，这方偌大的场地就显得捉襟见肘。我一直想扩大场地，优化现有的环境。为此，我找到相关部门的领导，他们也愿意帮忙，但出于政策的规定，事情不容易解决。扩大面积、改善环境对于我来说，就是为了能在良好的环境下创作出更多、更好的艺术品。

作为一名手艺人，刻刀是我生命的重要组成部分，我的生活已经离不开它，如果一两天没有拿起刻刀，心底就会涌起一股失落感。我非常崇拜米开朗琪罗，曾经拜读过罗曼·罗兰所写的《米开朗琪罗传》。这位雕塑家 13 岁进入意大利佛罗伦萨一位著名艺术家的工作坊，开

笔者在工作坊访谈方如金及方斌

始学习绘画和雕塑。他一辈子没有结婚，为了雕刻《大卫》，花费了4年的时间，其间一度住在工作坊里，以面包为食，这种忘我的工作态度和执着的艺术精神让我非常感动。其实，我们中国的民间艺人同样具备这种高尚的艺术品质，比如北京面人汤、天津泥人张，他们的造型能力很厉害，人物雕塑栩栩如生、生动传神。这些民间雕塑艺人并没有经过学校的专业培训，也没有系统地学过解剖学知识，可是他们为什么能做得那么好呢？我想这一定与他们的不懈努力和持之以恒的坚持分不开。

我虽然在经济上并不富裕，但对于自己的技艺还是很有信心的。无论是石雕，还是木雕、砚雕或是砖雕，都得到了徽州业内同行的认可。时光飞逝，我与雕刻打了大半辈子的交道，如今，我可以自信地说，我的造型能力已得到了飞速提升，刀法也达到了熟练的地步。这些年里，我经历了人生的风风雨雨，对生命有了自己的感悟，现在是我创作的最佳时期。我要把握住时间，争取创造出更多、更好的艺术作品，为自己，也为徽州当代手艺人正名。

许多年前，就有很多朋友劝我办厂，从事工程雕刻，这样的生活虽然会带给我丰厚的经济收入，生活境况肯定会比现在好许多，但是为了自己的艺术理想，我并没有选择这条路。我希望用刻刀捕捉人间之美，用作品抒发内心的真挚情感，用自己的方式记录时代脉搏与社会的发展变迁，希望自己的作品能够在徽州雕刻历史上留下精彩的一页。

二、我的困惑

近年来，国家高度重视非物质文化遗产的保护工作，并取得了显著成果。在此时代背景下，徽州非遗项目的发展呈现出生机勃勃的景象。自非遗保护工作启动后，当地政府非常重视徽州传统手工艺的传承与保护，相关部门经常组织行业展会，积极为我们搭建学习、交流的平台，很多时候，我们外出参加展会，还会给我们经济补贴。可以说，徽州的传统手工艺发展迎来了前所未有的大好时机。

2016年，中国文化遗产日安徽省主场活动在我们黟县举办，当时我作为徽州非遗传承人代表在大会上发言，感到非常自豪。

随着全社会对非遗文化的重视，传承人的社会地位也在逐步提高，我们这些传统手艺人越来越受到大家的尊重。现在，传承人的身份比工艺大师更加受到社会的认可，政府对传承人的扶持力度也高于工艺大师。近些年来，我不断进入新闻媒体界、学术界的视野，中央电视台新闻频道（CCTV-13）的《真诚沟通》、财经频道（CCTV-2）的《是真的吗？》、国防军事频道（CCTV-7）的《乡土》、安徽卫视的《天下安徽人》等栏目都对我进行过采访，人民网、新浪网、搜狐网、中新网、安徽新闻网等网络平台以及《安徽日报》《黄山日报》等报纸也对我的手艺进行过报道。2016 年 5 月，我走进高校课堂与大学生们分享我的从艺心得，同年 8 月，日本芝浦工业大学建筑学系师生一行 20 余人在对黄山学院访问结束后，还专程来到工作坊参观我的雕刻作品，日本联合国非遗保护专家伊藤洋子教授当时对我的手艺给予了充分的肯定。2017—2018 年，黟县文化部门两次组织我们非遗传承人走进黟县小学，向广大小学生讲授徽州文化，传授徽雕技艺。一些旅游机构还邀请我向来黟县旅游的客人讲解徽州三雕文化。

走进黄山学院

自2010年被认定为省级非遗传承人后，我的公众关注度不断上升，来黟县旅游的游客时常会被门前的“省级非遗”宣传牌所吸引而驻足，非遗传承人称号因此给我带来了一定的经济效益。在我成为传承人及安徽省工艺美术大师后，黟县周边前来购买我作品的人也明显增多，其中不乏一些熟悉的朋友，这些都是非遗带给我的“福利”。

但同时，非遗在现实中出现的一些问题值得去思考。非物质文化遗产项目应该具有突出的文化价值、历史价值且面临着濒危的现实困境，而有一些文化价值不高，也并未身处濒危境地的项目却成为了非遗，非物质文化遗产因此出现了泛滥化的倾向，屯溪老街上的很多店铺挂上了“非遗”宣传语。

传承人方面也存在着一些问题。首先，一些真正的手艺人潜心致力于艺术创作，也乐于收徒，但由于不善于自我宣传，至今默默无闻，非遗传承人名录中还找不到他们的名字。其次，不少人在评上传承人之后就把精力和心思完全用在了赚钱上，非遗传承人的名号似乎成为一些人获取名利的资本。“大师的刀在生锈，徽州雕刻在倒退”，不少手艺人的技艺水平在倒退。这些现象的出现让真正的手艺人深感痛心。非物质文化遗产是民族传统文化的杰出代表，我们应该守护好我们民族的传统文化。

国家非常重视非物质文化遗产的保护工作，已陆续出台了很多相关的法规政策，政府部门对非遗的保护、传承也投入了大量的人力、物力和财力。手艺人应该保持对于文化遗产的尊重，传承好中华传统文化。

对于自己的非遗传承人称号，我也一直心存困惑。进入新世纪，虽然国家开始提倡保护非物质文化遗产，但处于乡村中的我们一开始并不十分清楚什么是非遗。2009年的一天，我们县文化局的工作人员告诉我“余香石笛”就是非遗，还说到国家会对非遗传承人进行一定的生活补助，他建议将其申请非物质文化遗产项目。由于我当时对非遗概念还很模糊，但觉得申请非遗是对我们民间手艺人的一种鼓励和支持，心想“余香石笛”也可以代表我的石雕工艺水平，便欣然答应，就这样我成为了“余香石笛”制作技艺的传承人。只是后来我才知道，徽州石雕更加契合非物质文化遗产的标准。

近些年，随着非物质文化遗产保护理念逐渐深入人心，政府、学界、新闻媒体、商界都给予了非遗极大的关注，我们这些民间艺人终于明白了非遗的基本概念。我现在是“余香石笛”技艺省级非遗传承人，“余香石笛”本属于石雕范畴，石笛是徽州石雕的一部分，如果对黟县青材质性能不能烂熟于心，对徽州石雕技艺不能驾轻就熟，根本不可能制成“余香石笛”，况且我的作品绝大多数都是石雕，为何我不能成为徽州石雕传承人？在当年认定传承人的时候，我成为了“余香石笛”传承人。如今，每当举办或组织非遗会展时，我都是以“余香石笛”传承人身份参加，很多人因此认为我只会制作石笛，砖雕艺人方新中刚认识我时就是这么想的。好在每次参展，我都会带上一些石雕作品，渐渐地，徽州地区的同行们逐渐了解到我的实际情况，我的石雕手艺现也被大家所认可。2016年，央视《真诚沟通》栏目在对我进行报道时，屏幕上标注的便是“徽州石雕艺人”。那些购买作品的游客，并不十分在乎我是石笛传承人还是石雕传承人，他们更加看重精湛的技艺和精美的作品，当然，非遗传承人的身份会给他们留下美好的印象。

对于政府部门认定我为“余香石笛”传承人，我心存感激，正是因为“余香石笛”，央视、安徽卫视才对我进行了报道，让石笛与我有机会登上荧幕。这些节目的播出也给予了我精神上的莫大鼓舞，因为这也是对我手艺的充分肯定。当年“余香石笛”成功申请省级非遗后，我非常兴奋。但文化部门工作人员告诉我，我现在的身份是“余香石笛制作技艺”的传承人，而不是徽州石雕传承人，申报徽州石雕国家级传承人的可能性不大，而“余香石笛”由于社会影响力有限，成为国家级非遗项目也几乎没有可能。文化部门工作人员甚至劝我重新从徽州石雕县级传承人开始申报，然后再朝市级、省级、国家级传承人努力。至于能否成为国家级传承人，我倒并不十分在意，毕竟技艺水平才是手艺人最根本的生存之道。传承人要是没有扎实的技艺，又怎能很好地传承手艺？如果没有真才实学，传承人也好，工艺大师也罢，最终都不会被大众心悦诚服地接受，但我还是希望自己能以徽州石雕或徽州三雕传承人的身份被大家所认识。能够成为国家级传承人或“余香石笛”升级为国家级非遗项目固然非常好，但即便不能实现这个目标，也不会影响我对雕刻的热情，无论如何我都会一如既往地从事着这份职业。

穷尽一生磨炼技能是手艺人成功的秘诀，也是让人敬重的关键。喜欢炒作、沽名钓誉并不是手艺人的使命。无论是传承人，还是普通的手艺人，都应该用作品说话，我坚信，好的作品最终不会被社会和历史所埋没。

艺术是现实生活的反映，古人强调诗歌“经夫妇，成孝敬，厚人伦，美教化，移风俗”的教化意义，无论是文学作品还是雕刻作品，都应该发挥着导人向善的积极作用。一直以来，我也在用自己的刻刀传递着正能量。艺术工作者要具有社会责任感，非遗传承人更是肩负着传承社会文化、引领大众追求真善美的职责和使命。

非遗传承是一种技艺的传承，也是一种精神的传承。徽州三雕巧夺天工的技艺固然被人津津乐道，但作品背后蕴涵着的道德思想更不能被大家所忽略，像“渔樵耕读”题材正反映了徽州人的一种生活态度和理想追求。如果不能传承前辈工匠的思想和精神，技法再好的作品都是缺乏艺术性的。

数控雕刻现在很流行，数控雕刻品目前已占领了工艺品市场，很多年轻的手艺人“紧跟时代”，把精力转向了数控雕刻，不再脚踏实地钻研手艺。我的作品因为坚持纯手工制作，不能成批量生产，很多时候还带有创造性，因此较为耗时、费力，比如在做根雕《杜甫》时，光构思、设计就花了好几天时间。真正的手艺人生活上往往较为清贫，周围的人一直劝我把产业做大，可惜我没有资本，也没有精力，更不愿意放弃手工制作。传统社会中，家庭传承是技艺传承的主要方式，这种方式有它的长处，人们常说“三年学徒比不上匠家的孩子”，匠人家的孩子一生下来就会受到家庭文化的熏陶，通常情况下，会比别人提高的速度快。现在不少学徒，刚学习了一年半载就急着要出师，社会上各种“大师”名号也层出不穷，传统工艺的传承确实进入了误区。我带徒弟，不追求数量，只想招收一些确实喜爱雕刻且为人踏实的人，可惜这样的年轻人越来越少了。

三、徽州石雕的未来

徽州石雕的未来，机遇与挑战并存。如今，国家对于非物质文化遗产的传承、发展格外重视，2017年国家相关部门制定并出台了《中国传统工艺振兴计划》，我们传承人越来越受到社会的关注，社会地位较之以前有了明显的提高，可以说，徽州石雕迎来了最好的发展机遇。

但不可否认的是，包括徽州石雕在内的徽州传统手工艺保护、传承与发展还面临着巨大的挑战。其中，最大的挑战便是手工艺的机械化生产，这里说的机械化指的是电脑数控制作。与纯手工艺相比，电脑数控制作成本低、效率高，可以大批量生产，数控雕刻产品现已严重挤压了手工制品的生存空间。让人痛心的是，受利益驱使和数控技术的影响，现在很多非遗传承人逐渐告别了手工制作，走上了数控制作之路，许多年轻人在看到前辈们都在使用数控雕刻后也纷纷效仿，不再愿意脚踏实地地认真学习手艺，从事雕刻还没几年就转向了数控，技艺逐渐退步，着实让人觉得可惜。现在，徽州纯正的手工艺人越来越少。长此以往，徽州传统工艺将会面临消失的危险。

现在的年轻艺人比较浮躁，很难静下心来认真学习，技艺还没掌握好便寻思着如何赚钱。古代的徽州工匠不一定有多高学历，但一定具备良好的艺术造诣和锲而不舍的钻研精神，加之古人的文化功底都较深厚，所获得的成就自然非今人能比。古时很多作品在创作时，文人和画家直接或间接参与其中，与这些文人交往，手艺人的艺术修养也在潜移默化中提升。现在的很多青年人在辍学后，因生活所迫才转入雕刻，把手艺作为谋生的无奈之举或人生的第二、第三种选择，这样的手艺人本身知识有限，又不是出于对手艺的真正热爱，加之对手艺缺乏专注和钻研的精神，最终导致了技艺水平的江河日下。如果手艺人群全都如此，徽州雕刻的前景便十分令人担忧。

问题的解决在于非遗传承人。我认为，传统手工艺类非遗传承人首先要坚持手工制作，坚决杜绝数控产品。手工制作并不是不要使用任何机械工具，随着科学技术的进步，雕刻工具也在不断改进，石雕、砖雕、木雕现都会使用电锯、切割机等工具进行材料的切削、修整。电锯、切割机等只是一种辅助工具，能够帮助手艺人更好地进行雕刻，与电脑数控雕刻机不可同日而语。在使用数控雕刻机时，人们只要熟悉机器性能就掌握了“制造技艺”。电脑数控雕刻机制造出的产品千篇一律，谈不上艺术性，缺乏审美趣味和艺术品位。我常对弟子们说，那些从古建筑中拆下来的徽州三雕现在都成了古董，人们竞相珍藏，而数控雕刻的产品如果以后被拆下，谁会愿意购买和收藏它们？我并

笔者与方如金

不反对数控产品的存在，毕竟它们有自己的市场，我反对的是非遗传承人走数控雕刻的道路。国家提倡非遗保护，是为了传承和保护民族手工艺以及传统民族文化。文化部门认定传承人，目的是让传承人带头做好技艺传承工作。令人遗憾的是，徽州一些非遗传承人都开始大量使用数控技术，这显然违背了传承人的职责，也违背了国家出台非遗保护政策的初衷。

其次，非遗传承人要把自己的技艺完整地传承下去。传承技艺是传承人的责任，传承人要把传承工作做好，不能让“人去艺绝”的尴尬情况发生，不能让手艺在自己这儿出现断层。在具体的传承过程中，传承人应该完整地把自己的手艺传授给弟子，不可以有所保留。非遗传承人肩负着社会的期望，承担着艰巨的文化职责和社会责任，不应该把这份荣誉当作谋求自身利益的工具。

再次，非遗传承人应该以精益求精的态度和敬业的精神对待自己的工作，要摈弃功利之心、浮躁情绪，要不断淬炼工艺，提升水平。据我观察和了解，现在的徽州雕刻手艺人水平与古代还有不小的距离。中国古代工匠身上具有“惟精惟一，允执厥中”的工匠精神，这是一种对工作执着，对所做事情、所造产品精益求精、精雕细琢的精神。我们可以从那些流传下来的制作精良、工艺考究的徽州三雕作品中感悟到传统徽匠们的这种精神。与之相反，现在很多艺人心里想的是如何赚取更大的利益，如何让自己名利双收，技艺本身对他们来说已经不重要了。试问，这样的手艺人如何推动艺术的进步与发展？传承人不要总想着金钱和利益，技艺水平提高了，作品得到了大家的认可，经济上自然就会有回报。当下，很多非遗传承人的技艺水准亟待提高，这些人已不能很好地履行自己的职责，既不能静下心来进行艺术创作，让自己的技艺更上一层楼，又不能全心地投入传承工作，助力非遗的薪火相传。

除此之外，徽州石雕等传统手工艺如果想一直保持旺盛的生命力，还需要开拓创新。世界上任何事物都在不断产生变化和发展，艺术也不例外，艺术的发展需要在前代的基础上不断推陈出新。艺术发展具有连贯性，也有创新性。每个时代都会有属于自己的审美风尚，如果雕刻作品能够在满足时代审美风尚的基础上实现对历史的超越，我想这些作品就是杰出之作。南宋画家梁楷的泼墨人物画就是一种对前人、对历史的超越，梁楷因此也成为中国绘画史上大写意泼墨法的鼻祖。大凡有理想、有追求的艺人绝不会仅仅满足于对前人的学习和模仿，他们会尝试进行突破和创新。需要说明的是，梁楷的创新并非胡乱创造，他的创新是建立在已具备了扎实功底后所做出的积极探索，是在前人基础上又往前进了一步。

对于我们徽州三雕艺人来说，首先要对传统进行系统性的学习，打好基础，熟练掌握基本雕刻技法并熟知徽州雕刻的独特风格，俗话说“基础不牢，地动山摇”，如果连基本技艺都没掌握，连我们徽州雕刻的特征都不熟悉就开始创新，这样的创新则会把徽州三雕带入误区。20世纪，我主要从事徽雕的修复工作，这种工作也持续了许多年，到目前为止，我至少修补了上万个破损的徽雕人物。因为修复，我近距离接触到了无数精美的徽雕作品，修复工作给了我深刻认识传统徽雕的大好机会。很多人都说非遗要创新，继承都没有做好，如何创新？我对现代美术非常感兴趣，并把人体解剖学相关知识融入雕刻中。时代在发展，艺术也在发展，传统手工艺更应当发展，但发展是建立在传统历史上的一种前进，前提是要有扎实的传统功底，否则便会给手工艺带来伤害。

传统是学习的典范，也是启发我们创新的动力，但同时艺术作品要有时代的烙印和自己的风格。我反对一味地模仿昨天，不厌其烦地效仿前人的作品没有任何意义。徽州三雕需要与时俱进，需要不断注入新的生命力。

“余香石笛”的传承更加不容乐观。我们都知道，笛子按照孔间距可以分为C、D、E、F、G、A、B七种调，从C调到B调，笛身越来越大，音声却越来越低。其中，C调笛子孔间距最大，发声最低，B调笛子则相反，孔间距最小，发声却最高，吹奏时较为省力。每种调的笛子只适合吹奏一种曲目，比如说《姑苏行》以C调笛子吹奏最好，用其他调的笛子吹奏就达不到效果。“余香石笛”制作的困难之处在于必须把七根笛子都做出来，而且音准要非常到位。以前音乐没有现在这么丰富，红白喜事上笛子吹奏的节奏较快，不用过于抒情，达到一定效果就可以了，所以前辈们做笛子不如现在这般讲究。

石笛和竹笛一个是石质，一个是木质。两者相比而言，石笛的优点在于音质清脆，声音澄澈，笛声悠扬而透亮。石笛本身也不会受到季节、地域环境的影响，容易保存，而竹笛却不行，南方的竹笛带到北方，时间长了便会开裂。石笛的缺点也非常明显，如制作过程复杂，经不起摔碰，使用起来需格外小心。石笛在制作过程中内部有时还会残留一些金属，制作好后外表看上去并没有毛病，但时间一长遗留的金属会发生氧化，音质就会受到影响。

石笛和竹笛虽然都是笛子，但在制作石笛时并不能完全按照竹笛的标准来制作。竹笛通过音孔吹奏，在制作竹笛音孔时，人们已积累了丰富的经验，竹笛的音孔距离、大小都有了标准化的数据，制作竹笛的过程并不会太复杂。而石笛就不一样了，因为没有书籍可以参考，音孔的大小、孔间距离全部依靠个人经验。音孔径和孔间距大了、小了，都会影响音准。音准合格，石笛才能算合格。做好一根标准的石笛，光工具就需要三十多种，其中很多雕刻工具都是我自己制作的。石笛的选材、打孔、校音、雕刻等每一步都充满着巨大的挑战。成功制作一根石笛，往往要失败好几次，时间更不能确定，有时候需要花费好几个月。总之，石笛制作难度大、时间长。

购买石笛的人非常稀少，石笛的市场有限，加之制作过程又异常复杂，现在的年轻人很少有人愿意去学习。“余香石笛”是雕刻艺术品，也是乐器，制作者要同时具备以下两个条件：精湛的雕刻技艺和深厚的音乐知识。我的弟子们一直从事雕刻，也具备了扎实的雕刻功底，但对于音乐都不精通。虽然他们平时也会听一些歌曲，但说到音乐知识却几乎为零。儿子方斌虽然是学艺术出身，但音乐知识也非常欠缺，不过他还年轻，目前我正在慢慢培养他的音乐兴趣，想让他继承“余香石笛”制作技艺。恢复“余香石笛”技艺花费了我很大的精力，我不愿意也不会又让它再次消失在历史的尘埃中。

虽然，当前徽州石雕及“余香石笛”的技艺在保护、传承和发展上面临着不小的困境，但我想通过自己的努力去改变这种情况。我会

方如金指导儿子方斌

把自己的所学、所知传授给我的弟子，我的弟子又会授徒，只要我们手艺人能够坚守住初心和使命，坚守住手艺，星星之火可以燎原，我相信徽州的雕刻绝不会失传。现在，国家已经为我们提供了良好的外部环境，作为手艺人也受到了前所未有的重视，我们又有什么理由不把手艺做好，不尽心尽力履行传承职责？只要手艺人努力学习，实现对古代徽州工匠技艺水平的超越并不是遥不可及的梦想，我坚信，徽州雕刻一定能够再续辉煌！

附　录

一、方如金年谱

1958 年 2 月 16 日，出生于安徽省黟县桐练村。

1967 年 9 月，进入黟县桐练小学读书。

1971 年 6 月，小学毕业，进入黟县茶林中学读书。

1974 年 6 月，初中毕业，回乡种地。

1976 年，随西递东源乡八都农场生产队改造河滩。

1977 年，随皖赣铁路施工队开采石料。

1977 年，参加高考，未考取大学。

1978 年，一年复读期后再次参加高考，亦未考取大学。

1984 年，温州工匠来黟县修复“胡文光”牌楼，应邀参加施工队。在施工队承担开凿石料工作，同时拿起刻刀开始学习雕刻。

1985 年，独立完成第一件石雕作品——《马无夜草不肥》。

1987 年 1 月，结婚。

1988 年 8 月，长子方赟出生。

1990 年 8 月，次子方斌出生。

1990 年，担任桐练村生产大队队长。

1991 年 9 月，负责桐练村石桥的建造，并于三个月后完工。

1994 年，制作出一根“余香石笛”，但音准欠佳。

1995 年 7 月，黟县金星工艺厂任职，担任砚雕艺术指导。

1996 年 5 月，受黟县工艺厂派遣，赴北京参加由中国文学艺术研究院研究中心举办的雕刻培训班。

1996 年 6 月，北京学习归来，继续就职于黟县金星工艺厂。

1996 年 9 月，从黟县金星工艺厂辞职，回到家中从事雕刻。

1996 年 10 月，西递景区开店，并开始从事徽州三雕的修复工作。其间结识王方雄、吕文厚、韩添任等艺术家。

1999 年，大型石雕屏风《十八罗汉》雕刻完成。

1999 年年底，跟随同乡赴北京电影电视剧组打工，从事电影背景道具的雕刻工作。

2000 年春季，转场无锡影视城，继续从事影视背景道具的雕刻工作。

2002 年 10 月，结束外出打工生活，返回黟县。

2002 年 11 月，赴湖北武汉雕刻长春观门楼石雕。

2003 年 12 月，租借西递镇叶村房屋，开设工作坊。

2007 年 10 月，工作坊搬入碧阳镇石山建材厂内。

2008 年，正式招收第一位石雕弟子——休宁籍青年胡维民。

2010 年 5 月，制作出两根“余香石笛”，两根石笛的音准较为准确。

2010 年 6 月，赴上海世博会参展，并在现场吹奏“余香石笛”。

2011 年 1 月，被安徽省文化厅认定为省级非物质文化遗产“余香石笛”代表性传承人。

2011 年 6 月，赴广东参加“碧山计划”的启动仪式。

2011 年 6 月，招收黟县籍青年程可为徒，向其传授石雕技艺。

2011 年夏季，工作坊搬入黟县渔亭镇。

2011 年秋季，招收黟县籍青年吴静峰为徒，向其传授木雕技艺。

2012 年 4 月，两次赴合肥参加《中国梦想秀》安徽赛区的选拔活动。

2012 年 11 月，作品《魁星点斗》获首届中国（黄山）非物质文化遗产传统技艺大展金奖。

2013 年 7 月，次子方斌大学毕业，前往福建晋江服装厂工作。

2013 年 12 月，作品《魁星点斗》获安徽省第三届传统工艺美术产品二等奖。

2014 年 5 月，方斌辞去服装厂工作，返家随其学习石雕技艺。

2014 年 12 月，作品《钟馗》获安徽省第四届传统工艺美术产品一等奖。

2015 年 12 月，作品《西厢记》获安徽省第五届工艺美术精品博览会“徽工奖”金奖。

2016 年，安徽卫视《天下安徽人》栏目对其雕刻技艺进行了报道。

2016 年 5 月，全国文化遗产日安徽省启动仪式暨主场活动在黟县西递举行，作为黄山市非遗传承人代表登台发言。

2016 年 6 月，受安徽黄山学院建筑工程学院邀请，走进该校并举办主题为《工匠精神与徽州石雕艺术》的学术讲座。

2016 年 8 月，日本芝浦工业大学建筑系师生到访。

2016 年 8 月，被授予“安徽省工艺美术大师”荣誉称号。

2016 年 9 月，参加黟县第二届职工职业技能大赛，作品《丹凤朝阳》获石雕、砖雕工种一等奖。

2016 年 12 月，再次成功雕刻出立体雕《反弹琵琶》。

2017 年 9 月，在黄山市“徽州百工”石雕、砖雕技能大赛中获石雕项目总分第一名，并被授予“黄山市五一劳动奖章”荣誉称号。

2017 年 10 月，与方斌合作雕刻的大型石雕屏风《兰亭序》完工。

2018 年 2 月，央视财经频道《是真的吗？》栏目对“余香石笛”进行了专题报道。

2018 年 5 月，受聘为黟县宏村学校乡村少年宫特聘校外辅导员，并走进学校传授徽州石雕相关知识。

2018 年 9 月，前往铜陵参加安徽省非遗传承人培训班。

2019 年 9 月，接受安徽省文化厅“省级非物质文化遗产代表性传承人抢救性记录”工程的采访，并参与节目录制。

2019 年 10 月至今，继续从事雕刻手艺。

二、方如金口述史访谈提纲

方如金访谈的提纲主要分为六大部分，即徽州石雕（石笛）的基本情况、传承人基本情况、传承人学艺情况、传承人雕刻经历、徽州石雕（石笛）的工艺流程、徽州石雕（石笛）的传承与未来。具体如下：

第一部分 徽州石雕（石笛）的基本情况

1. 徽州石雕产生于何时？产生的背景是什么？

2. 徽州石雕有哪些相关的传说故事或者歌谣、谚语？

3. 请叙述徽州石雕的发展历程，如发展、兴盛和衰落的时间、具体表现及其原因。

4. 请叙述徽州三雕中石雕、砖雕、木雕各自的具体情况。

5. 徽州三雕的艺术风格、地域特征有哪些？和国内其他区域的雕刻相比，独特之处体现在哪些方面？

6. 历史上，徽州三雕的著名艺人有哪些？

7. 徽州三雕在本区域之间有没有差异性？

8. 历史上，徽州三雕经典作品有哪些？

9. 如何欣赏徽州三雕作品？

10. 当下徽州三雕的发展情况如何？

11. 与传统时期相比，今天的徽州三雕在哪些方面发生了变迁？

12. 请叙述“余香石笛”的具体情况。

13. 徽州地区还有没有其他著名的传统雕刻？如有，请叙述基本情况。

第二部分　传承人基本情况

1. 请介绍自己的基本情况，包括出生年月、籍贯等。

2. 请介绍所在村落的基本情况，包括自然环境、历史文化、民俗事项等。

3. 请介绍家庭的基本情况，包括父母、兄弟姐妹、爱人、孩子的情况，例如他们的出生年月、职业、受教育程度、兴趣爱好等。

4. 请谈谈自己的成长环境以及童年时的经历。

5. 请谈谈求学情况，如小学入学时间、毕业时间，中学入学时间、毕业时间，最后学历情况等。

6. 请详细介绍自己的求学过程，如学业情况、难忘的事情等。

7. 您的兴趣爱好有哪些？这些兴趣爱好给雕刻带来了哪些影响？

8. 请谈一谈雕刻方面的好朋友情况。

9. 除了雕刻之外，您还获得过哪些文化方面的荣誉？

第三部分　传承人学艺情况

1. 什么时候开始走上学艺之路的？为什么会走上这条道路？

2. 家中是否有亲戚从事雕刻职业？

3. 您选择学习手艺，家人一开始是反对还是支持？原因是什么？

4. 师傅是谁？为什么会选择这位师傅？

5. 请介绍师傅的基本情况。

6. 请介绍师兄弟的情况。

7. 请详细叙述学艺的具体过程，如从哪些方面开始学起？学艺的步骤有哪些？学习每个步骤的时间是多长？

8. 师傅是如何向您传授技艺的？

9. 您在学艺的过程中遇到过哪些难忘的事情？

10. 什么时候出师？学艺共持续了多久？出师后雕刻的第一件作品是什么？

11. 是否进入过专业院校进修或学习？在这些学校，学习了哪些知识或技能？前去学习的原因是什么？这样的学习经历给雕刻带来了哪些帮助？

第四部分 传承人雕刻经历

1. 请谈一谈您对于中国民间传统雕刻的认识。

2. 中国民间传统雕刻包括哪些类别？各自的技法、特征又是什么？

3. 请谈一谈自己的从艺经历以及各个时期的代表作。

4. 从艺过程中，有哪些难忘的事情？

5. 从艺过程中，除了师傅外，还有没有其他人对您有过帮助？

6. 您的作品偏爱何种主题？为什么喜欢这些主题？

7. 雕刻中有浅浮雕、高浮雕、圆雕、透雕等手法，您比较擅长哪一种？原因是什么？

8. 请谈一谈您的代表作品。这些作品的创作缘由是什么？这些作品的成功之处又体现在哪些方面？

9. 请谈一谈自己作品的艺术风格。这种风格又是如何形成的？

10. 您是否有独特的雕刻技法？如有，是什么？您又是如何掌握的？

11. 您从传统的徽州三雕中汲取了哪些营养？对传统徽州三雕的技法掌握了多少？

12. 在雕刻实践中，您的作品有没有创新？具体体现在哪些方面？

13. 谈一谈您对于传统手工艺创新的认识。传统手工艺是否需要创新？徽州三雕或传统手工艺应该如何创新？

14. 您有没有借鉴过其他艺术形式？如有，又是如何借鉴的？

15. 谈一谈“余香石笛”的特点。与普通竹笛相比，石笛的独特之处体现在哪些方面？

16. 您什么时候开始着手恢复“余香石笛”技艺的？为什么想到去恢复？在此过程中，遇到了哪些困难？

17. 业内人士对于您的石雕作品及“余香石笛”曾给予过哪些评价？

18. 您的作品曾获得过哪些奖项？奖励的形式又是什么？

19. 请谈一谈作品的参展情况（时间、地点、展会名称）。

20. 请谈一谈作品的价格情况以及每年的收入情况。

21. “余香石笛”的市场销售情况如何？主要销售给哪些人？

22. 销售过的价格最高的作品是什么？价格具体是多少？

第五部分　徽州石雕（石笛）的工艺流程

1. 徽州石雕的材料是什么？产地在什么地方？其他地方是否有类似的材料？

2. 请谈一谈徽州石雕材料的特性。

3. 材料对于徽州石雕的影响体现在哪些方面？

4. 徽州石雕有没有一些辅助材料？产地在哪里？有什么特性？

5. 材料是否存在短缺的情况？如何解决这个问题？

6. 如何选取材料？需要注意哪些问题？

7. “余香石笛”的制作材料与徽州石雕的材料有无区别？体现在哪些方面？

8. 材料通常如何保存？有无特殊要求？

9. 徽州石雕的制作工具有哪些？请分别谈一谈辅助工具和雕刻工具。

10. “余香石笛”的制作工具有无独特之处？

11. 请说明每项工具的材料、尺寸及用途。

12. 工具是否需要特殊的护理与保存？

13. 与传统时期相比，工具发生了哪些变化？这些变化又带来了哪些影响？

14. 徽州石雕的工艺流程有哪些？请详细叙述每一流程的具体情况。

15. 完成每一项流程大约需多长时间？有哪些需要注意的事项？

16. 徽州石雕在制作过程中有哪些口诀、行话？

17. “余香石笛”的工艺流程又有哪些？请详细论述。

18. 徽州石雕与“余香石笛”在保存方面有没有特殊的讲究？

第六部分　徽州石雕（石笛）的传承与未来

1. 您什么时候开始招收徒弟的？截至目前，共招收了多少名徒弟？学习最久的弟子是谁？哪些弟子与您有亲属关系？

2. 请具体谈一谈徒弟们的情况，包括姓名、籍贯、技艺水平等。

3. 为什么会招收这些弟子？

4. 您招收徒弟的标准是什么？

5. 您是如何向弟子传授技艺的？

6. 弟子们每天学习多久？每周学习的天数是多少？

7. 弟子们学习是否需要交纳学费？学费又是多少？

8. 弟子们从开始学艺直到出师，大概需要多长时间？每一环节的学习又需要多长时间？

9. 与弟子相处的过程中，有哪些难忘的事情？

10. 请谈谈弟子们各自的现状。

11. 请谈谈弟子们对您的评价。

12. 您的子女愿不愿意学习石雕技艺？原因是什么？

13. 徽州石雕、砖雕、木雕以及徽州传统手工艺在传承中面临着哪些问题？

14. 黄山市的徽州石雕行业发展现状如何？

15. “余香石笛”在传承中又面临着哪些问题？

16. 如何应对现实中存在的这些问题？

17. 电脑数控技术给徽州石雕及徽州传统手工艺带来了哪些影响？

18. 请谈一谈徽州石雕以及“余香石笛”的市场销售情况。

19. 您在什么时候被认定为非物质文化遗产代表性传承人的？

20. 非物质文化遗产代表性传承人身份给您带来了哪些影响？

21. 作为非遗传承人，您为徽州石雕和“余香石笛”的保护和传承做出了哪些贡献？

22. 近些年来，当地相关部门有没有给予您一些支持？

23. 据您了解，当地相关部门近年来为徽州三雕的保护、传承实施了哪些措施？

24. 黟县以及黄山市是否成立了石雕或三雕行业协会？如有，请谈谈具体的情况（成立时间、负责人、开展了哪些活动等）。

25. 请谈一谈您对于非物质文化遗产的了解和认识。

26. 请谈一谈自己现在的状况和未来的目标。

27. 您认为，徽州石雕以及“余香石笛”的未来前景如何？

参考文献

[1] 安徽省民间文艺家协会主编. 中国民间故事全书（安徽黄山市·黟县卷）[M]. 合肥：黄山书社，2012.

[2] [英]保尔·汤普逊. 过去的声音——口述史[M]. 覃方明、渠东、张旅平译. 沈阳：辽宁教育出版社，2000.

[3] 北京艺术博物馆、安徽博物院编. 神工意匠——徽州古建筑雕刻艺术[M]. 北京：北京美术摄影出版社，2014.

[4] 陈华文. 留住传承人[M]. 杭州：浙江工商大学出版社，2014.

[5] 陈乐生，马世云，宋子龙等. 徽州石雕艺术[M]. 合肥：安徽美术出版社，1994.

[6] 定宜庄、汪润主编. 口述史读本[M]. 北京: 北京大学出版社，2011.

[7] [法]莫里斯·哈布瓦赫. 论集体记忆[M]. 毕然、郭金华译. 上海：上海人民出版社，2002.

[8] 胡建斌主编. 徽州技艺[M]. 合肥：合肥工业大学出版社，2014.

[9] 李向平、魏扬波. 口述史研究方法[M]. 上海：上海人民出版社，2010.

[10] 李砚祖. 工艺美术概论[M]. 北京：中国轻工业出版社，1999.

[11] [美]唐纳德·里奇. 大家来做口述史[M]. 邱霞译. 北京:

当代中国出版社，2019.

［12］（明）戴廷明、程尚宽等撰．新安名族志［M］．朱万曙等点校．合肥：黄山书社，2007.

［13］皮志伟、贾巧燕．徽州三雕［M］．南京：东南大学出版社，2011.

［14］（清）吴甸华修，程汝翼、俞正燮纂．嘉庆黟县志；吕子珏修，詹锡龄纂．道光黟县续志．中国地方志集成·安徽府县志辑（56）［M］．南京：江苏古籍出版社，1998.

［15］王建朝、单晓杰．口述史视野下的贵州省音乐非物质文化遗产传承人及其音乐研究［M］．成都：西南交通大学出版社，2019.

［16］汪立信、鲍树民．徽州明清民居雕刻［M］．北京：文物出版社，1986.

［17］王廷元、王世华．徽商［M］．合肥：安徽人民出版社，2005.

［18］王文章．非物质文化遗产保护研究［M］．北京：文化艺术出版社，2013.

［19］徐华铛．中国传统木雕［M］．北京：人民美术出版社，2006.

［20］杨洪林、樊祖．土家织锦传承人口述史［M］．北京：中国社会科学出版社，2019.

［21］杨祥银．口述史研究（第一辑）［M］．北京：社会科学文献出版社，2014.

［22］杨祥银．美国现代口述史学研究［M］．北京：中国社会科学出版社，2016.

［23］杨祥银．与历史对话：口述史学的理论与实践［M］．北京：

中国社会科学出版社，2004.

[24] 杨晓．蜀中琴人口述史 [M]．北京：生活·读书·新知三联书店，2013.

[25] 黟县地方志编纂委员会编．黟县志 [M]．北京：光明日报出版社，1989.

[26] 俞宏理．徽州民间雕刻艺术 [M]．北京：人民美术出版社，1997.

[27] 俞宏理．中国徽州木雕 [M]．北京：文化艺术出版社，2000.

[28] 赵汝珍．古玩指南 [M]．北京：中国书店出版社，1993.

[29] 张海鹏、王廷元．明清徽商资料选编 [M]．合肥：黄山书社，1985.

[30] 周光大、瞿明安主编．现代民族学 [M]．昆明：云南人民出版社，2009.

[31] 朱永春．徽州建筑 [M]．合肥：安徽人民出版社，2006.

后　记

2015年7月，本人获教育部青年基金项目“非遗的文化记忆——徽文化生态保护区非物质文化遗产代表性传承人口述史”立项，接到立项通知后，认为传承人口述史工作应该不会太难，但当我深入进去时，却发现情况与想象中的截然相反，非遗传承人口述史工作着实存在着许多挑战。

首先，传承人的选择。在徽文化生态保护区内，非物质文化遗产代表性传承人数量众多，究竟是记录所有项目还是某一个项目？选择群体还是个体？选择国家级传承人还是省、市级传承人？为此，我对非遗传承人进行了“地毯式”的调查和访谈，在此期间，走访过砖雕、石雕、木雕、竹雕、徽墨、歙砚等非遗项目的国家级、省级、市级传承人二十余人，每逢周末，调查和访谈就是我的主要工作。经过斟酌和筛选，并征求相关专家、学者及黄山市文化委员会的意见，同时结合实际情况，我最终选择了方如金作为口述史写作对象。仅从课题立项到口述对象的确定，时间就持续了半年。

其次，田野调查。调查、访谈是口述史的核心环节，它直接决定着最终的成果。2015年，我刚开始关注非物质文化遗产时间不久，对于田野调查还较为陌生，原先以为田野调查是较为容易的事，但当实际开展后，却发现这是一门很深的学问。2016 年 9 月，本人考取民族学（民族艺术）专业博士研究生，而田野调查则是民族学基本的研究方法。三年读博期间，我翻阅了诸多民族志书籍及田野调查方法著作，从理论上提升了对于田野调查的认识。在此期间，我有幸跟随导师深入云南、四川等地进行调查。导师柏贵喜先生是我国民族学专家，不仅学识渊博，而且教学严谨，在跟随导师调查的过程中，我积累了大量的实践经验。正是得益于系统的学习和大量的实践，本课题的田野调查工作才能够顺利进行。当然，本课题的开展也进一步提升了我的田野调查水平。在访谈过程中，我运用了参与观察、深度访谈、结构式访谈、半结构式访谈等多种方法，采取主位与客位相结合的方式，力求访谈的深入与全面。

再次，口述材料的整理。资料整理即将录音材料转化为文字材料，它是口述史工作的最后一环，也是最耗费精力的环节。在资料整理的过程中，文本以司马迁撰写《史记》“不虚美、不隐恶”的精神为宗旨，采取相对客观的态度，最大限度地尊重口述者的本意及客观事实，在文本呈现上，也尽量做到兼具可读性与学术性。

虽然论名气或产业，方如金都不是徽州传统工艺界“第一人”，但将他作为口述和记录对象是合适的。第一，方师傅多年来一直从事着雕刻手艺，其间从未停歇，可谓一名真正的民间手艺人，也是合格的非物质文化遗产传承人，现即使年过六旬，但依然“刀耕不辍”；第二，方师傅技艺扎实，熟练掌握着徽州传统雕刻的技法，他的作品技艺纯熟，具有很强的艺术感染力；第三，方师傅阅历丰富，善于交谈，自身对徽州传统雕刻也有较为独特的认识。在交流过程中，方师傅兢兢业业的工作态度和执着的工匠精神深深打动了我，我也觉得有必要通过他去记录徽州的雕刻工艺。总之，无论是从主观方面，还是客观方面，将方如金作为口述史对象符合本课题的宗旨。

自2015年7月开始至今，从传承人的选择到步步深入的访谈，再到如今定稿，先后历时近五载，中间充满了许多艰辛与困难，对方师傅的访谈次数更是有二十余次。《血脉论》载："道本圆成，不用修证。道非声色，微妙难见。如人饮水，冷暖自知，不可向人说也。"这句话用以形容非遗传承人口述史记录工作也非常贴切，访谈和写作中的各种体会也只有自己最能知晓！

"口述史是围绕着人民而建构起来的历史。"（保尔·汤普逊语）非遗传承人口述史具有重要的学术价值和现实意义，在非遗研究和保护实践中是十分必要的。在口述史进行过程中，我也收获良多！

衷心感谢黄山市文化委员会非遗科方劲松科长、黄山学院安徽省非物质文化遗产研究中心主任马勇虎教授等在调查过程中给予的支持与帮助，感谢安徽医科大学研究生郭意乐同学对照片进行的后期处理。

口述史进程，遇一路芳华！

陈文苑

2020年春于安徽医科大学